みんなが欲しかった!
簿記の問題集

③ 企業結合会計・連結会計ほか編

滝澤ななみ [監修]
TAC出版開発グループ

日商 **1** 級

商業簿記
会計学

はしがき

「教室講座と書籍の両方の強みを取り入れた本を作ろう」という企画のもとスタートした「独学で日商簿記検定に合格するための本」である『簿記の教科書・簿記の問題集 2級・3級』は刊行直後から、「わかりやすい」「仕方なく丸覚えしていたところが理解できた！」と非常に好評をいただきました。はやくも本シリーズで合格しましたというお声や、1級シリーズ刊行へのご希望もいただくようになり、1級を刊行する運びとなりました。

本書は、日商簿記検定に合格する力をつけるための受験対策用問題集です。同シリーズの『簿記の教科書』（別売り）が終わったあとに、本書をご使用ください。効率よく試験に合格していただけるよう、本書には次のような特長があります。

１．応用～本試験レベルの問題を収録

本シリーズでは、インプットと基本的な知識の確認までを『簿記の教科書』の役割とし、本書『簿記の問題集』では、実践的なアウトプット演習から始められるよう、応用レベルから本試験レベルの問題までを収載しています。これにより、スムーズに本試験レベルの問題演習までを完了させることができます。

２．頻出パターンの問題をピックアップ

各論点における頻出パターンの問題を収載しているので、出るところだけを効率的に演習することができます。

３．２回分の模擬試験つき

本試験と同様の総合問題を2回分収載しています。時間（1時間半）を計って解くことにより、本試験の感覚をつかんでください。

『簿記の問題集日商1級商会1～3』全部で6回分の模擬試験が入っています。日商1級商会の頻出パターンをある程度網羅できますので、ぜひチャレンジしてみてください。

なお、答案用紙は巻末の別冊に入っていますが、ダウンロードサービスもありますので、ご利用ください。

本書を利用して、一日もはやく合格し、試験勉強中に得た知識をもって社会にはばたいてください。皆様の合格を心よりお祈り申し上げます。

● 第9版刊行にあたって

本書は、『簿記の問題集　日商1級商業簿記・会計学3　第8版』につき、最新の出題区分・試験傾向に対応するために改訂したものです。

2021年10月
TAC出版 開発グループ

『簿記の問題集』の効果的な使いかた

❶ 個別問題を順次解く！

教科書の基本問題を一通りマスターしたら、応用〜本試験レベルの問題をCHAPTER別に解いていきましょう。解答するさいは、別冊の答案用紙をご利用ください。ダウンロードサービスもありますので、ご利用ください。

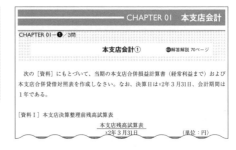

 ❷ 間違えた問題は、教科書に戻って確認しましょう♪

『簿記の教科書』と各CHAPTERが完全対応していますので、間違えた問題は『簿記の教科書』へ戻って、しっかりと復習しましょう。

 ❸ 2回分の模擬試験問題を解く！

※ 模擬試験第1回〜第4回は『簿記の問題集日商1級商会1、2』（別売り）に収載されています。
また、この模擬問題は『簿記の教科書・問題集1級商会1〜3』の内容にもとづき、横断的に出題されています。

 # 合格☆☆

日商簿記検定試験について

受験資格	なし
試 験 日	年3回（1級は年2回） 6月（第2日曜日）／11月（第3日曜日）／2月（第4日曜日） ※　2月は1級試験の実施はありません。
申込方法	試験の約2か月前から開始。申込期間は、各商工会議所によって異なります。
受 験 料 （税込）	1級 7,850円 ／ 2級 4,720円 ／ 3級 2,850円 ※　一部の商工会議所およびネット試験では事務手数料がかかります。
試験科目	1級　商業簿記・会計学・工業簿記・原価計算 2級　商業簿記・工業簿記 3級　商業簿記
試験時間	1級 3時間 ／ 2級 90分 ／ 3級 60分
合格基準	1級　70点以上　ただし、1科目ごとの得点は10点以上 2級　70点以上 3級　70点以上

　刊行時のデータです。最新の情報は、商工会議所の検定試験ホームページ（https://www.kentei.ne.jp/）をご確認ください。

　なお、2020年12月より、2級・3級に関して、従来の試験方式（ペーパーで行う統一試験方式）に加え、ネット試験が実施されています（2級90分、3級60分）。また、簿記入門者向けに簿記初級が、原価計算入門者向けに原価計算初級がネット試験（40分）にて実施されています。

本試験の出題傾向（1級商業簿記・会計学）

　1級の本試験問題は、商業簿記・会計学、工業簿記・原価計算からなり、それぞれ1時間30分ずつで試験が行われます。商業簿記・会計学の出題内容は下記のとおりです。

商業簿記	損益計算書の作成、貸借対照表の作成、本支店合併財務諸表の作成、連結財務諸表の作成など、通常、総合問題の形式（1問形式）で出題されます。配点は25点です。
会 計 学	会計学は2問から4問の小問形式で出題され、通常、このうち1問が理論問題（正誤問題や穴埋め問題）、残りが計算問題です。配点は25点です。

目 次

CHAPTER 04 連結会計Ⅱ

CHAPTER 05 連結会計Ⅲ

CHAPTER 06 持分法

CHAPTER 11 参考

	問 題	解答解説	答案用紙(別冊)
❶ 連結会計における取得関連費用	68	207	37

模擬試験

	問題(別冊)	解答解説	答案用紙(別冊)
第5回	1	211	7
第6回	11	230	17

※ 模擬試験は、問題と答案用紙は別冊、解答解説は本書の中にあります。

※ 模擬試験の第1回から第4回は、『簿記の問題集　日商1級　商業簿記・会計学1、2』(別売り)に収載しております。

※ 答案用紙については、ダウンロードでもご利用いただけます。TAC出版書籍販売サイト・サイバーブックストアにアクセスしてください。

https://bookstore.tac-school.co.jp/

日商1級　商業簿記・会計学3
問題編

CHAPTER 01 −❶／3問

本支店会計①

解答解説 70ページ

　次の［資料］にもとづいて、当期の本支店合併損益計算書（経常利益まで）および本支店合併貸借対照表を作成しなさい。なお、決算日は×2年3月31日、会計期間は1年である。

［資料Ⅰ］本支店決算整理前残高試算表

本支店残高試算表
×2年3月31日　　　（単位：円）

借方科目	本　店	支　店	貸方科目	本　店	支　店
繰越商品	30,400	20,000	流動負債	22,400	15,120
その他の流動資産	58,300	21,660	繰延内部利益	1,900	−
固定資産	40,000	4,400	固定負債	30,000	−
支　店	68,240	−	資本金	60,000	−
仕　入	220,000	40,000	繰越利益剰余金	22,140	−
本店より仕入	−	108,000	本　店	−	68,240
販売費及び一般管理費	29,000	9,000	売　上	206,000	120,000
営業外費用	5,000	300	支店へ売上	108,000	−
			営業外収益	500	−
	450,940	203,360		450,940	203,360

2

［資料Ⅱ］決算整理事項

1．本店の期末商品棚卸高

帳簿棚卸高：　　　100個　　　　原価：　　@300円

実地棚卸高：　　　95個　　　　時価：　　@290円

2．支店の帳簿棚卸高は19,200円であり、うち外部仕入分は、帳簿数量15個、原価（単価）400円、本店仕入分は帳簿数量50個、実地数量45個、原価（単価）各自推定円である。また、時価は、外部仕入分が@360円、本店仕入分が@200円である。

3．本店から支店への売上は、20％の内部利益が加算されている。

4．棚卸減耗費については、営業外費用に計上し、商品評価損に関しては、売上原価の内訳科目とする。

本支店会計②

解答解説 75ページ

次の［資料］にもとづいて、本支店合併損益計算書と本支店合併貸借対照表を作成しなさい。

［資料Ⅰ］決算整理前残高試算表

決算整理前残高試算表　　　　　　（単位：円）

借方科目	本　店	支　店	貸方科目	本　店	支　店
現 金 預 金	216,285	90,000	支 払 手 形	261,000	196,350
受 取 手 形	315,000	150,000	買 掛 金	617,100	249,000
売 掛 金	387,000	292,500	繰延内部利益	21,300	−
繰 越 商 品	217,500	141,300	貸倒引当金	6,600	5,250
建 物	900,000	−	建物減価償却累計額	108,000	−
備 品	225,000	120,000	備品減価償却累計額	81,000	43,200
支 店	84,900	−	本 店	−	84,900
仕 入	2,623,500	1,171,500	資 本 金	900,000	−
本店より仕入	−	1,175,400	繰越利益剰余金	75,000	−
支店より仕入	510,000	−	売 上	2,730,000	2,325,000
営 業 費	368,715	205,500	支店へ売上	1,175,400	−
広告宣伝費	127,500	67,500	本店へ売上	−	510,000
合 計	5,975,400	3,413,700	合 計	5,975,400	3,413,700

［資料Ⅱ］決算整理事項等

1．商品関連（棚卸減耗等はない）

(1) 本店

	金額	備考
期首手許商品	217,500円	うち外部仕入分131,700円
期末手許商品	240,000円	うち外部仕入分127,800円

(2) 支店

	金額	備考
期首手許商品	141,300円	うち外部仕入分60,300円
期末手許商品	130,200円	うち外部仕入分60,000円

(3) 本店は外部から仕入れた商品を、支店に仕入価格の20％増しで送付しており、支店は外部から仕入れた商品を、本店に仕入価格の10％増しで送付している。

2．有形固定資産

(1) 建物

本店は建物について定額法（耐用年数30年、残存価額10％）により減価償却を行う。

(2) 備品

本支店ともに、備品について定額法（耐用年数5年、残存価額10％）により減価償却を行う。

3．貸倒引当金

本支店ともに、売上債権期末残高の3％を貸倒引当金として、差額補充法により設定する。

4．法人税等

税引前当期純利益40％を法人税、住民税及び事業税として計上する。

本支店会計③

●解答解説 80ページ

次の［資料］にもとづいて、当期の本支店合併損益計算書および本支店合併貸借対照表を作成しなさい。支店間の取引は、本店集中計算制度によって処理している。また、本店から各支店へ送付される商品には原価の10％の利益が加算されている。

［資料Ⅰ］決算整理前残高試算表

決算整理前残高試算表　　　　　　　　　（単位：円）

借　　　方	本　店	京都支店	神戸支店	貸　　　方	本　店	京都支店	神戸支店
現 金 預 金	1,500	2,900	1,500	支 払 手 形	3,110	950	650
売 掛 金	4,400	600	1,200	買 掛 金	9,800	2,750	3,200
繰 越 商 品	5,200	2,200	1,760	貸倒引当金	30	10	20
建 物	15,400	5,800	2,900	繰延内部利益	360	－	－
京 都 支 店	1,750	－	－	建物減価償却累計額	2,280	4,360	240
神 戸 支 店	1,450	－	－	本 店	－	1,750	1,450
仕 入	24,000	4,300	4,400	資 本 金	10,000	－	－
本店より仕入	－	5,220	3,600	利益準備金	2,000	－	－
営 業 費	5,300	2,600	2,260	繰越利益剰余金	500	－	－
				売 上	22,100	13,800	12,060
				京都支店へ売上	5,220	－	－
				神戸支店へ売上	3,600	－	－
合 計	59,000	23,620	17,620	合 計	59,000	23,620	17,620

[資料Ⅱ] 決算整理事項等

1．期末手許商品棚卸高

　(1)　本　　　　店　：　　4,600円

　(2)　京 都 支 店　：　　2,020円（うち、本店仕入分770円）

　(3)　神 戸 支 店　：　　1,400円（うち、本店仕入分440円）

2．建物

　建物の減価償却費は以下のとおりである。

　(1)　本　　　　店　：　　580円

　(2)　京 都 支 店　：　　210円

　(3)　神 戸 支 店　：　　60円

3．貸倒引当金

　貸倒引当金を売上債権期末残高に対して、差額補充法により2％設定する。

4．法人税、住民税及び事業税

　税引前当期純利益に対して、50％の法人税、住民税及び事業税を計上する。

企業結合①

●解答解説 84ページ

　A社（存続会社）はB社（消滅会社）を×2年4月1日に吸収合併した。次の資料にもとづいて、パーチェス法により処理した場合（A社を取得企業とする）の合併後のA社貸借対照表を作成しなさい。

[資料Ⅰ] 合併直前の両社の貸借対照表

貸　借　対　照　表
×2年3月31日　　　　　　　　　（単位：円）

資　　　産	A　　社	B　　社	負債・純資産	A　　社	B　　社
諸　資　産	1,500,000	1,000,000	諸　負　債	600,000	400,000
			資　本　金	500,000	350,000
			資本準備金	100,000	50,000
			その他資本剰余金	200,000	50,000
			利益準備金	75,000	30,000
			任意積立金	90,000	40,000
			繰越利益剰余金	169,000	80,000
			自　己　株　式	△234,000	－
	1,500,000	1,000,000		1,500,000	1,000,000

[資料Ⅱ] 合併に関する事項

1．B社の発行済株式総数は3,000株であり、B社株式1株と引換えにA社株式1株を交付する。交付するA社株式のうち1,200株はA社が所有する自己株式（帳簿価額は1株あたり195円）を移転して交付し、1,800株は新株を発行して交付する。交付したA社株式の時価は1株あたり235円である。なお、A社の増加する株主資本（新株の発行に対する部分）のうち2分の1ずつを資本金と資本準備金とする。

2．合併直前におけるB社の諸資産の時価（公正価値）は1,150,000円であり、諸負債の時価（公正価値）は450,000円である。

企業結合②　　　　　　　　🗒解答解説 86ページ

　A社（発行済株式総数3,000株）はB社（発行済株式総数3,000株）を×6年4月1日に吸収合併した。次の資料にもとづいて、パーチェス法（A社を取得企業とし、増加する株主資本の2分の1ずつを資本金と資本準備金とする）により処理した場合における合併後のA社貸借対照表を作成しなさい。

［資料Ⅰ］合併直前の両社の貸借対照表

貸　借　対　照　表
×6年3月31日　　　　　　　　　　（単位：円）

資　　　産	A　　社	B　　社	負債・純資産	A　　　社	B　　　社
諸　資　産	3,202,000	2,600,000	諸　負　債	1,400,000	800,000
B 社 株 式	198,000	－	資　本　金	1,000,000	1,000,000
			資本準備金	200,000	160,000
			その他資本剰余金	200,000	200,000
			利益準備金	160,000	80,000
			任意積立金	100,000	60,000
			繰越利益剰余金	340,000	300,000
	3,400,000	2,600,000		3,400,000	2,600,000

［資料Ⅱ］合併に関する事項

1．B社の発行済株式総数のうち300株（10％）をA社が所有している。なお、評価差額は計上されていない。

2．A社はB社株主（A社を除く）が所有するB社株式1株につき1株のA社株式を発行して交付する。A社株式の時価は1株あたり700円である。

3．合併直前におけるB社の諸資産の時価（公正価値）は3,000,000円であり、諸負債の時価（公正価値）は1,000,000円である。

企業結合③

解答解説 88ページ

A社は×1年4月1日にB社を吸収合併し、同社の株主にA社の株式を交付した。次の資料にもとづいて、A社を取得企業とするパーチェス法により処理した場合、合併時においてA社に生じる①資本金および②のれんの金額を計算しなさい。

[資　料] 合併に関する事項

1．合併前の両社の財務状況

	A　社	B　社
資　本　金	800,000 円	500,000 円
時価による純資産額	1,280,000 円	800,000 円
平均株主資本利益率	15.0 %	12.5 %

2．両社の資本金組入額は、1株あたり125円である。

3．合併比率の計算は、両社の時価による純資産額と収益還元価値の平均を企業評価額とみなす方法による。資本還元率は10%とする。

4．A社はB社株主に交付するA社株式のすべてを新株の発行により交付し、B社の取得にともなう取得原価は企業結合日におけるA社株式の時価@250円により算定する。

　　なお、A社の増加する株主資本のうち2分の1ずつを資本金と資本準備金とする。

企業結合④　　解答解説 90ページ

　A社はB社を完全子会社とするため、株式交換を行った。当該株式交換は取得とされ、取得企業はA社である。次の［資料］にもとづいて、A社の仕訳をしなさい。

［資料Ⅰ］　B社の貸借対照表

貸 借 対 照 表
×1年3月31日　　　　　　　　　　（単位：円）

借 方 科 目	金 額	貸 方 科 目	金 額
諸　資　産	2,538,000	諸　負　債	1,368,000
		資　本　金	870,000
		利 益 準 備 金	120,000
		繰 越 利 益 剰 余 金	180,000
	2,538,000		2,538,000

［資料Ⅱ］　株式交換に関する事項

1．交換比率はA社：B社＝1：0.8である。

2．B社の発行済株式総数は500株、株式交換日のA社株式の時価は1株あたり3,000円である。なお、B社株式と交換に交付するA社株式のうち200株は自己株式（1株あたりの帳簿価額1,350円）を移転し、残りは新株を発行して交付した。

3．B社の諸資産の時価（公正価値）は2,520,000円、諸負債の時価（公正価値）は1,410,000円である。

4．A社の増加する払込資本のうち750,000円を資本金とし、残額を資本準備金とする。

企業結合⑤ 🔖解答解説 91ページ

A社とB社は株式移転により、完全親会社L社を設立した。取得企業はA社である。そこで、次の資料にもとづいて、株式移転後のL社の個別貸借対照表を作成しなさい。なお、税効果会計は無視すること。

[資料Ⅰ] 株式移転時における両社の個別貸借対照表

貸 借 対 照 表 （単位：円）

借 方 科 目	A 社	B 社	貸 方 科 目	A 社	B 社
諸 資 産	1,500,000	150,000	諸 負 債	300,000	33,000
			資 本 金	750,000	60,000
			資本剰余金	90,000	12,000
			利益剰余金	360,000	45,000
	1,500,000	150,000		1,500,000	150,000

[資料Ⅱ] 留意事項等

1．株式移転前のA社発行済株式数は5,000株、B社発行済株式数は1,200株である。
2．株式移転比率はL社：A社：B社＝1：1：0.6である。
3．企業結合日（株式移転日）におけるA社株式の時価は@300円である。
4．企業結合日（株式移転日）におけるB社の識別可能資産および負債の時価は186,000円および33,000円である。
5．増加資本はその2分の1を資本金とし、残額は資本剰余金とする。
6．株式移転以前にA社はB社株式を保有していない。

企業結合⑥

■☞解答解説 93ページ

　X事業とY事業を営むA社は、分社型の会社分割により、B社に対してY事業を移転し、B社株式1,500株を取得した。以下の条件にもとづいて、下記の各問に答えなさい。

	適 正 な 帳 簿 価 額	時　　　価
移転したY事業用資産	360,000円	420,000円
移転したY事業用負債	96,000円	120,000円
B　社　株　式	−	@204円

問1　A社におけるそれぞれの仕訳を示しなさい。

(1)　B社が子会社になる場合

(2)　B社が子会社にも関連会社にもならない場合（その他有価証券で処理すること）

問2　B社のパーチェス法（B社を取得企業とする）による仕訳を示しなさい。なお、増加する株主資本のうち2分の1ずつを資本金と資本準備金とする。

理論問題

☞解答解説 96ページ

次の文章の空欄（ア～ケ）に当てはまる適当な語句を答案用紙に記入しなさい。

1．企業結合とは、ある企業（またはある企業を構成する事業）と他の企業（または他の企業を構成する事業）とが1つの（　ア　）に統合されることをいう。

2．企業結合となる取引の例として、（　イ　）と（　ウ　）がある。いずれも、取引の結果、当事者である会社が完全親会社・完全子会社の関係となる。このうち、（　イ　）は既存の会社に発行済株式を取得させるのに対し、（　ウ　）は新設する会社に発行済株式を取得させる。

3．企業結合のうち、契約等にもとづき、「複数の独立した企業により共同で支配される企業」を形成する企業結合は（　エ　）に分類される。この例として、合弁会社の設立が挙げられる。

4．結合当事企業または事業が、企業結合の前後で同一の株主により最終的に支配され、かつ、その支配が一時的ではない場合の企業結合は（　オ　）に分類される。この例として、子会社同士の合併が該当する。

5．会社の分割にあたって、分割元企業の受け取る対価が分離先企業の（　カ　）のみであり、事業分離によって分離先企業が新たに分離元企業の子会社や関連会社となる場合、分離元企業は、個別財務諸表上、分離先企業から受け取った（　カ　）の取得原価を移転した事業に係る（　キ　）にもとづいて算定して処理する。

6．事業分離等の会計処理において、分離元企業が現金等の財産などのように移転した事業と異なる資産を対価として受け取る場合や、分離先企業の株式を対価として受け取った場合も、その分離先企業が子会社や関連会社に該当しない場合、分離元企業は株式等の受取対価を（　ク　）で計上するとともに、移転した事業の株主資本相当額との差額は（　ケ　）として認識しなければならない。

資本連結①

📖解答解説 98ページ

　P社は×2年度末にS社株式の60％を12,000円で取得し、これを子会社として支配した。そこで、次の［資料］にもとづいて、×4年度連結財務諸表を作成しなさい。なお、両社ともに会計期間は3月31日に終了する1年間である。また、のれんは発生年度の翌年度から10年間にわたり定額法により償却する。

［資料Ⅰ］S社資本勘定の推移

	資本金	利益剰余金
×3年3月31日	15,600円	3,000円
×4年3月31日	15,600円	4,500円

　なお、P社による支配獲得時におけるS社の資産・負債の時価と簿価は同一である。

［資料Ⅱ］×4年度個別財務諸表（単位：円）

損　益　計　算　書
自×4年4月1日　至×5年3月31日

借方科目	P　社	S　社	貸方科目	P　社	S　社
諸　費　用	112,500	72,000	諸　収　益	120,000	75,000
当期純利益	7,500	3,000			
	120,000	75,000		120,000	75,000

株主資本等変動計算書
自×4年4月1日　至×5年3月31日

| | 株　主　資　本 | | | |
| | 資　本　金 | | 利益剰余金 | |
	P　社	S　社	P　社	S　社
当期首残高	42,000	15,600	18,000	4,500
当期変動額				
当期純利益			7,500	3,000
当期末残高	42,000	15,600	25,500	7,500

貸　借　対　照　表
×5年3月31日

資　　産	P　社	S　社	負債・純資産	P　社	S　社
諸　資　産	108,000	45,000	諸　負　債	52,500	21,900
S　社　株　式	12,000	－	資　本　金	42,000	15,600
			利益剰余金	25,500	7,500
	120,000	45,000		120,000	45,000

資本連結②

☞解答解説 102ページ

次の［資料］にもとづいて、×3年度連結財務諸表を作成しなさい。なお、各社の決算日は3月31日である。

［資　料］

1．P社は×1年度末にS社（資本金150,000円、利益剰余金100,000円）の発行済議決権株式の80％を206,000円で取得した。なお、支配獲得時における資産・負債の時価と帳簿価額は一致している。

2．S社の×2年度における当期純利益は75,000円、剰余金の配当は37,500円であった。

3．のれんは×2年度から20年間で定額法により償却する。

4．純資産の減少項目には「△」を付すこと。

5．×3年度のP社およびS社の個別財務諸表は次のとおりである（単位：円）。

損　益　計　算　書
自×3年4月1日　至×4年3月31日

借方科目	P　社	S　社	貸方科目	P　社	S　社
諸　費　用	2,025,000	1,375,000	諸　収　益	2,187,500	1,487,500
当期純利益	225,000	125,000	受取利息配当金	62,500	12,500
	2,250,000	1,500,000		2,250,000	1,500,000

株主資本等変動計算書
自×3年4月1日　至×4年3月31日

	株　主　資　本			
	資　本　金		利益剰余金	
	P　社	S　社	P　社	S　社
当期首残高	375,000	150,000	300,000	137,500
当期変動額				
剰余金の配当			△ 100,000	△ 50,000
当期純利益			225,000	125,000
当期末残高	375,000	150,000	425,000	212,500

貸 借 対 照 表
×4年3月31日

資　　産	P　社	S　社	負債・純資産	P　社	S　社
諸　資　産	1,769,000	1,112,500	諸　負　債	1,175,000	750,000
S 社 株 式	206,000	－	資　本　金	375,000	150,000
			利益剰余金	425,000	212,500
	1,975,000	1,112,500		1,975,000	1,112,500

CHAPTER 03－❸／3問

理論問題　　　　　　　📖解答解説 106ページ

次の文章の空欄（ア～エ）に当てはまる適当な語句を答案用紙に記入しなさい。

1．親会社は、原則としてすべての（　ア　）を連結の範囲に含める。

2．子会社のうち次に該当するものは、連結の範囲に含めない。

　(1)　支配が（　イ　）であると認められる企業

　(2)　(1)以外の企業であって、連結することにより利害関係者の判断を著しく誤らせ
　　　るおそれのある企業

3．連結貸借対照表の作成にあたっては、支配獲得日において、子会社の資産及び負
　　債のすべてを支配獲得日の時価により評価する方法である（　ウ　）時価評価法によ
　　り評価する。

4．子会社の資本のうち親会社に帰属しない部分は、（　エ　）とする。

資本連結（段階取得）　　●解答解説 107ページ

　P社は、×1年 3 月31日にS社の発行済議決権株式の10％を33,000円で取得し、さら
に×2年 3 月31日に60％を216,000円で追加取得したことにより、×2年 3 月31日にS社
の支配を獲得した。×1年 3 月31日現在におけるS社の財政状態と、×2年 3 月31日現
在におけるP社およびS社の貸借対照表は次のとおりである。なお、のれんは計上年
度の翌年から10年間で均等償却を行う。この場合における、×2年 3 月31日現在の連
結貸借対照表を完成しなさい。なお、会計期間は 3 月31日を決算日とする 1 年であ
り、法人税等の実効税率を40％として税効果会計を適用する。

×1年 3 月31日現在におけるS社の財政状態

諸 資 産	諸 負 債	資 本 金	資本剰余金	利益剰余金
570,000円	300,000円	150,000円	30,000円	90,000円

　なお、×1年 3 月31日現在におけるS社の諸資産の時価は630,000円、諸負債の時価
は330,000円である。

貸 借 対 照 表
×2年 3 月31日　　　　　　　（単位：円）

資　　産	P　社	S　社	負債・純資産	P　社	S　社
諸 資 産	891,000	630,000	諸 負 債	480,000	345,000
S 社 株 式	249,000	−	資 本 金	300,000	150,000
			資本剰余金	90,000	30,000
			利益剰余金	270,000	105,000
	1,140,000	630,000		1,140,000	630,000

　×2年 3 月31日現在におけるP社の保有するS社株式の時価は252,000円であり、S
社の諸資産の時価は690,000円、諸負債の時価は360,000円である。

資本連結（追加取得）

解答解説 111ページ

　P社は×4年6月現在、S社の発行済議決権株式のうち70％を保有しており、これを子会社としている。そこで、次の［資料］にもとづいて、×3年度連結財務諸表を作成しなさい。

［資料Ⅰ］

貸 借 対 照 表
×4年3月31日　　　　　　　　（単位：円）

借　方	P　社	S　社	貸　方	P　社	S　社
諸　資　産	598,750	437,500	諸　負　債	445,000	162,500
土　　　地	375,000	50,000	資　本　金	500,000	200,000
関係会社株式	226,250	－	資本剰余金	55,000	－
			利益剰余金	200,000	125,000
合　　計	1,200,000	487,500	合　　計	1,200,000	487,500

株主資本等変動計算書
自×3年4月1日　至×4年3月31日　　　　　（単位：円）

	株　主　資　本					
	資　本　金		資本剰余金		利益剰余金	
	P　社	S　社	P　社	S　社	P　社	S　社
当期首残高	500,000	200,000	55,000	－	182,500	100,000
当期変動額						
剰余金の配当					△ 45,000	△ 12,500
当期純利益					62,500	37,500
当期末残高	500,000	200,000	55,000	－	200,000	125,000

損 益 計 算 書
自×3年4月1日 至×4年3月31日 （単位：円）

借方科目	P 社	S 社	貸方科目	P 社	S 社
諸 費 用	562,500	212,500	諸 収 益	572,500	243,000
当期純利益	62,500	37,500	受取配当金	52,500	7,000
	625,000	250,000		625,000	250,000

［資料Ⅱ］解答上の留意事項

1．P社は×1年度末にS社（資本金200,000円、利益剰余金95,000円）の発行済議決権株式の60％を187,500円で取得し、支配を獲得した。また、P社は×3年度末にS社の発行済議決権株式の10％を38,750円で追加取得した。

2．S社の土地（簿価50,000円）の×1年度末および×3年度末における時価は56,250円および67,750円である。なお、その他の資産および負債について、簿価と時価の乖離は生じていない。

3．のれんは計上年度の翌年度から5年間で定額法により償却する。

4．税効果会計は無視する。

5．純資産の減少項目には「△」を付すこと。

子会社株式の売却　　　🕮解答解説116ページ

　P社は、×1年3月31日にS社の発行済議決権株式の80％を128,000円で取得し、支配を獲得した。×1年3月31日現在におけるS社の財政状態と、×2年3月31日現在におけるP社およびS社の貸借対照表は次のとおりである。なお、のれんは計上年度の翌年から10年で均等償却を行い、法人税等の実効税率を40％として評価差額についてのみ税効果会計を適用している。これらの事項にもとづいて、×2年3月31日現在における連結貸借対照表を作成しなさい。

×1年3月31日現在におけるS社貸借対照表

諸 資 産	諸 負 債	資 本 金	利益剰余金
304,000円	160,000円	80,000円	64,000円

なお、S社の諸資産の時価は336,000円、諸負債の時価は176,000円である。

貸 借 対 照 表
×2年3月31日　　　　　　　　　　　（単位：円）

資　　産	P　社	S　社	負債・純資産	P　社	S　社
諸　資　産	512,000	336,000	諸　負　債	256,000	184,000
S　社　株　式	96,000	–	資　本　金	160,000	80,000
			利益剰余金	192,000	72,000
	608,000	336,000		608,000	336,000

　なお、S社の諸資産の時価は368,000円、諸負債の時価は192,000円である。

　また、P社が×2年3月31日に保有するS社株式の4分の1（20％）を40,000円で売却し、個別財務諸表上8,000円の子会社株式売却益を計上している。

　子会社株式の一部売却において、関連する法人税等は、資本剰余金から控除し、P社に適用される法定実効税率を40％とすること。

理論問題

解答解説 121ページ

次の文章の空欄（ア～オ）に当てはまる適当な語句を答案用紙に記入しなさい。

1．連結財務諸表の作成にあたって、連結財務諸表を親会社の財務諸表の延長線上に位置づけて、資本に関して親会社の株主の持分のみを反映させる考え方を（　ア　）説という。

　　これに対して、連結財務諸表を親会社の株主とは区別される企業集団全体の財務諸表と位置づけて、企業集団を構成するすべての連結会社の株主の持分を反映させる考え方を（　イ　）説という。

2．段階取得における子会社に対する投資の金額は、連結財務諸表上、支配獲得日における（　ウ　）で算定し、時価評価による差額は、当期の（　エ　）として連結損益計算書の特別損益に計上する。

3．子会社株式を追加取得または一部売却し、親会社と子会社の支配関係が継続している場合、親会社の持分の変動額と追加投資額または売却価額との間に生じた差額は、（　オ　）とする。

CHAPTER 05　連結会計Ⅲ

CHAPTER 05−❶／6問

手形取引の修正・債権債務の相殺消去　解答解説 122ページ

　P社はS社株式の70%を所有しており、これを子会社としている。そこで、次の
［資料］にもとづいて、答案用紙に示した当期連結財務諸表（一部）を完成させなさ
い。当期は×2年4月1日から×3年3月31日までの1年である。

［資料Ⅰ］連結会社間での手形取引に関する資料
1．S社はP社に対する掛け代金を決済するため、約束手形16,000円を振り出した。
2．P社はS社から受け取った約束手形16,000円のうち、5,000円を連結外部に裏書譲
　渡し、また、8,000円を取引銀行において割り引いている。なお、残りは期末現在
　手許に保有している。
3．上記手形の割引に際しては、割引料108円が差し引かれている。
4．上記手形は期末現在すべて未決済である。

［資料Ⅱ］当期個別財務諸表に計上されている各科目の金額

	P　社	S　社
支　払　利　息	2,800円	1,600円
手　形　売　却　損	700円	220円
受　取　手　形	40,000円	26,000円
支　払　手　形	32,000円	16,000円
短　期　借　入　金	18,000円	13,000円

MEMO

未実現損益の消去① 📖解答解説 124ページ

次の［資料］にもとづいて、当期の連結財務諸表（一部）を作成しなさい。なお、税効果会計は無視すること。当期は×2年4月1日から×3年3月31日までの1年である。

［資料Ⅰ］解答上の留意事項

1. P社はS社株式の80%を所有しており、これを子会社として支配している。
2. P社は毎期付加利益率20%でS社に対して商品を販売している。
3. 当期中にS社はP社より商品67,900円を仕入れた。また、S社が保有するP社仕入商品が期首に1,680円、期末に2,100円あった。
4. P社における対S社売掛金が期首に16,100円、期末に9,800円あった。
5. P社における対S社受取手形が期首に2,800円、期末に3,500円あった。
6. P社は売上債権期末残高に対して毎期3%の貸倒引当金を差額補充法により設定している。

［資料Ⅱ］ 当期個別財務諸表に計上されている各科目の金額

	P 社	S 社
売 上 高	296,100円	130,200円
売 上 原 価	210,700円	88,900円
貸 倒 引 当 金 繰 入	938円	147円
利 益 剰 余 金 当 期 首 残 高	35,000円	14,000円
受 取 手 形 及 び 売 掛 金	61,600円	32,200円
貸 倒 引 当 金	1,848円	644円
商 品	48,300円	34,300円
支 払 手 形 及 び 買 掛 金	52,500円	27,300円

［資料Ⅲ］当期の資本連結に係るデータ（単位：円）

　　開始仕訳は以下のとおりである。

（借）資 本 金 当 期 首 残 高　　70,000　　（貸）関 係 会 社 株 式　　61,600

　　　利益剰余金当期首残高　　8,400　　　　　非支配株主持分当期首残高　　16,800

未実現損益の消去②　　📖解答解説 127ページ

　P社は、S社株式の70%を取得しており、連結子会社としている。この場合における次の取引について、連結財務諸表を作成するための未実現利益の消去の仕訳を示しなさい。なお、法人税等の実効税率は40%とし、税効果会計を適用する。

(1)　P社は、当期にS社に対して土地120,000円（原価100,000円）を売却した。S社はこの土地を当期末現在保有している。

(2)　S社は、当期にP社に対して土地120,000円（原価100,000円）を売却した。P社はこの土地を当期末現在保有している。

(3)　P社は、当期首にS社に対して備品120,000円（原価100,000円）を売却した。S社はこの備品を当期末現在保有しており、定額法、残存価額10%、耐用年数5年で減価償却している。

(4)　S社は、当期首にP社に対して備品120,000円（原価100,000円）を売却した。P社はこの備品を当期末現在保有しており、定額法、残存価額10%、耐用年数5年で減価償却している。

未実現損益の消去③　　🔲解答解説 130ページ

　P社は、S社株式の80%を取得しており、連結子会社としている。当期末、親会社P社の個別財務諸表上では子会社S社に対する売掛金が200,000円計上されている。また、P社は売掛金に対して2%の貸倒引当金を差額補充法により設定している。なお、当期首にはS社への売掛金に対する貸倒引当金が8,000円計上されていた。この取引について、答案用紙に示した当期の連結修正仕訳を示しなさい。

　なお、税効果会計を適用し、実効税率は40%とする。

連結精算表の作成 🔖解答解説 132ページ

　P社およびS社の当期（×2年4月1日から×3年3月31日まで）における個別財務諸表は、［資料Ⅰ］のとおりである。［資料Ⅱ］の連結に関する事項にもとづいて、連結精算表を完成しなさい。なお、法人税等の実効税率は40％として税効果会計を適用し、繰延税金資産・負債は相殺せずに表示する。

［資料Ⅰ］個別財務諸表

損 益 計 算 書
自×2年4月1日　至×3年3月31日　　　　　　（単位：円）

借方科目	P　社	S　社	貸方科目	P　社	S　社
売 上 原 価	226,800	101,400	売　　上　　高	472,400	170,000
販　　売　　費	61,500	15,900	受 取 利 息	1,200	－
貸倒引当金繰入	2,600	800	受 取 配 当 金	5,300	－
一 般 管 理 費	104,600	33,200	固定資産売却益	30,000	5,000
減 価 償 却 費	9,000	7,500			
支払利息・手形売却損	4,400	1,200			
法 人 税 等	40,000	6,000			
当 期 純 利 益	60,000	9,000			
	508,900	175,000		508,900	175,000

貸 借 対 照 表
×3年3月31日
(単位：円)

資　　産	P　社	S　社	負債・純資産	P　社	S　社
現 金 預 金	79,500	17,900	支 払 手 形	37,400	14,800
受 取 手 形	90,000	41,000	買 掛 金	34,860	14,600
売 掛 金	90,000	49,000	借 入 金	60,000	60,000
貸 倒 引 当 金	△3,600	△1,800	未払法人税等	40,000	6,000
有 価 証 券	25,600	－	未 払 費 用	2,200	1,880
商 品	37,200	15,800	資 本 金	240,000	80,000
貸 付 金	60,000	－	利 益 剰 余 金	195,800	32,600
前 払 費 用	2,960	2,180			
未 収 収 益	800	－			
建 物	100,000	80,000			
減価償却累計額	△15,000	△24,000			
備 品	40,000	30,000			
減価償却累計額	△18,000	△16,200			
土 地	24,800	16,000			
S 社 株 式	96,000	－			
	610,260	209,880		610,260	209,880

[資料Ⅱ] 連結に関する事項

1. (1) P社は×1年3月31日にS社の発行済み株式80％を取得した。

 (2) 取得時におけるS社の資産および負債の時価は土地（帳簿価額16,000円、時価22,000円）を除いて帳簿価額と同一であった。

 (3) S社の純資産の推移は次のとおりである。

	資　本　金	利益剰余金
×1年3月31日	80,000円	24,000円
×2年3月31日	80,000円	26,600円

 のれんは計上年度の翌年から20年間で均等償却する。

(4) P社およびS社の利益剰余金の処分と配当の内訳は次のとおりである。

		利益準備金	株主配当金	別途積立金
P社	×2年6月25日	1,800円	18,000円	10,000円
S社	×1年6月25日	300円	3,000円	2,000円
	×2年6月25日	300円	3,000円	2,000円

2. (1) P社はS社から商品の一部を掛けで仕入れている。S社の売上高のうち68,000円はP社に対するものであった。なお、そのうち4,000円は決算日現在P社へ未達となっていた。

(2) P社の商品棚卸高に含まれているS社からの仕入分は次のとおりである。

期首商品棚卸高　7,000円

期末商品棚卸高　5,000円（未達分は含まない）

なお、S社のP社に対する売上利益率は毎期40%である。

3. (1) P社の支払手形のうち20,000円、買掛金のうち16,000円（未達分は含まない）、貸付金のうち40,000円はS社に対するものである。

(2) S社はP社振出の約束手形のうち10,000円を割引に付しているが、まだ支払期日は到来していない。

(3) P社貸借対照表の貸付金のうち40,000円は、S社へ×2年10月1日に利率年2%、期間1年、返済時に元利支払の条件で貸し付けたものである。なお、P社・S社とも利息を月割計算によって計上している。

(4) P社の受取配当金のうち2,400円はS社から受け取ったものである。

(5) P社・S社とも、受取手形（割引手形を除く）および売掛金の期末残高に対して2%の貸倒引当金を差額補充法により設定している。また、S社はP社に対する売上債権に、前期は貸倒引当金を1,200円設定していた。

4. (1) P社はS社に対して当期首に建物（帳簿価額20,000円）を40,000円で売却している。S社はこの建物を定額法、残存価額は取得価額の10%、耐用年数20年で減価償却している。

(2) S社はP社に対して当期首に備品（帳簿価額10,000円）を15,000円で売却している。P社はこの備品を定額法、残存価額は取得価額の10%、耐用年数は10年で減価償却している。

理論問題

解答解説 142ページ

次の文章の空欄（ア～オ）に当てはまる適当な語句を答案用紙に記入しなさい。

1．連結会社相互間における商品の売買その他の取引に係る項目は、（ ア ）する。

2．連結会社相互間の債権と債務は、（ ア ）する。ただし、連結会社が振り出した手形を他の連結会社が銀行割引した場合には、連結貸借対照表上、これを（ イ ）に振り替える。

3．連結会社相互間の取引によって取得した棚卸資産、固定資産その他の資産に含まれる（ ウ ）は、その全額を消去する。売手側の子会社に非支配株主が存在する場合には、（ ウ ）は、親会社と非支配株主の持分比率に応じて、親会社の持分と（ エ ）に配分する。

4．連結財務諸表において、同一納税主体の繰延税金資産と繰延税金負債は、双方を（ オ ）して表示する。異なる納税主体の繰延税金資産と繰延税金負債は、双方を（ オ ）せずに表示する。

持分法①　　　　　　　　　　●解答解説143ページ

　次の［資料］にもとづいて、P社の×2年度（×2年4月1日から×3年3月31日）における以下の各問に答えなさい。なお、純資産額の計算にあたっては税効果会計（法人税等の実効税率は40％）を考慮すること。

［資　料］
1．P社は、×1年3月31日にA社の発行済株式（A社株式）の25％を61,200円で取得し、連結上、持分法適用会社（関連会社）とした。なお、同日のA社の諸資産（帳簿価額402,000円）の時価は435,000円であった。
2．投資差額は発生年度の翌年から10年間で均等償却する。
3．A社の×1年3月31日における資本金は144,000円、利益剰余金は72,000円であった。
4．A社の×2年3月31日における資本金は144,000円、利益剰余金は91,200円であった。
5．A社の×2年度における当期純利益は36,000円である。
6．A社は×2年度において、剰余金の配当13,200円を行った。

問1　連結財務諸表を作成するために必要な修正仕訳を示しなさい。
問2　連結貸借対照表に記載されるA社株式の金額を計算しなさい。

持分法②

■解答解説 146ページ

次の［資料］にもとづいて、以下の各問に答えなさい。なお、純資産額の計算にあたっては、税効果会計（実効税率40％）を考慮する。

［資　料］

1．P社（会計期間1年、決算日3月31日）は、×1年3月31日にA社（会計期間1年、決算日3月31日）の発行済議決権株式の40％を108,000円で取得し、連結決算上、持分法適用会社とした。

2．A社における純資産の内訳は以下のとおりである。なお、投資差額については、投資年度の翌年から10年間で均等償却する。

	資本金	利益剰余金
×1年3月31日	120,000　円	96,000　円
×2年3月31日	120,000　円	108,000　円
×3年3月31日	120,000　円	132,000　円

（注1）　×1年3月31日の諸資産は時価評価により24,000円の評価益が生じている。

（注2）　×2年3月31日の諸資産は時価評価により36,000円の評価益が生じている。

3．A社の×2年6月25日に株主総会において、次の利益剰余金の処分と配当が決議された。

　　利益準備金　　　　1,800円

　　剰余金の配当　　 24,000円

4．A社の×2年度における当期純利益は48,000円であった。

問1　×2年度（×2年4月1日から×3年3月31日）における連結財務諸表作成のために必要な修正仕訳を示しなさい。

問2　連結貸借対照表に記載されるA社株式の金額を答えなさい。

問3　連結損益計算書に記載される持分法による投資損益の金額を答えなさい。なお、答案用紙の（　）内に益または損と記入すること。

持分法③

解答解説 150ページ

次の［資料］にもとづいて、当期のP社連結財務諸表を作成するために必要なA社株式の売却に関する修正仕訳をしなさい。なお、当期は×2年4月1日から×3年3月31日までである。

［資　料］

1. P社は、×1年3月31日にA社の発行済株式（A社株式）の30％を91,200円で取得し、連結上、持分法適用会社（関連会社）とした。取得時のA社の諸資産の時価は帳簿価額よりも4,000円多かった。なお、純資産額の計算にあたっては税効果会計（法人税等の実効税率は40％）を考慮すること。

2. P社は×3年3月31日（当期末）に、A社の発行済株式の10％に相当するA社株式を32,000円で売却し、現金を受け取った。売却損益は「A社株式売却損」「A社株式売却益」で処理する。

3. A社の純資産の推移は次のとおりである。

	資本金	利益剰余金
×1年3月31日	160,000円	112,000円
×2年3月31日	160,000円	128,000円
×3年3月31日	160,000円	160,000円

4. 投資差額は発生年度の翌年から10年間で均等償却する。

5. A社は近年、剰余金の配当を行っていない。

持分法④　　　　　　　📖解答解説 153ページ

次の各問について答えなさい。なお、法人税等の実効税率を40%として税効果会計を適用する。

問1　A社（関連会社）はP社（A社株式の40%を所有）に対して、商品100,000円（原価80,000円）を販売した。P社は当期末現在、この商品を保有している。このとき、連結財務諸表作成上、持分法を適用する場合のP社における修正仕訳を答えなさい。

問2　P社（B社株式の40%を所有）はB社（関連会社）に対して、商品100,000円（原価80,000円）を販売した。B社は当期末現在、この商品を保有している。このとき、連結財務諸表作成上、持分法を適用する場合のP社における修正仕訳を答えなさい。

問3　P社（C社株式の60%を所有）はC社（非連結子会社）に対して、商品100,000円（原価80,000円）を販売した。C社は当期末現在、この商品を保有している。このとき、連結財務諸表作成上、持分法を適用する場合のP社における修正仕訳を答えなさい。

理論問題　　　🔊解答解説 157ページ

次の文章の空欄（ア～エ）に当てはまる適当な語句を答案用紙に記入しなさい。

1. 投資会社が被投資会社の資本及び損益のうち投資会社に帰属する部分の変動に応じて、その投資の額を連結決算日ごとに修正する方法を（　ア　）という。

2. （　イ　）および（　ウ　）に対する投資については、原則として（　ア　）を適用する。ただし、（　ア　）の適用により、連結財務諸表に重要な影響を与えない場合には、（　ア　）の適用会社としないことができる。

3. 連結財務諸表上、（　エ　）は、営業外収益または営業外費用の区分に一括して表示する。

外貨換算会計①　　🖙解答解説 158ページ

　次の［資料］にもとづいて、損益計算書および貸借対照表（一部）を作成しなさい。なお、当期は×4年３月31日を決算日とする１年間である。

［資料Ⅰ］決算整理前残高試算表（一部）

決算整理前残高試算表
×4年３月31日　　　　　　　（単位：円）

現 金 預 金	120,000	買 掛 金	47,500
売 掛 金	61,250	長 期 借 入 金	各自推定
繰 越 商 品	14,000	売 上	247,100
仕 入	142,500		
広 告 費	10,000		
支 払 利 息	各自推定		
為 替 差 損 益	700		

［資料Ⅱ］期中未処理事項

１．輸入取引等

(1)　×3年２月15日（１ドル108円）発生の買掛金150ドルを×3年５月15日（１ドル112円）に決済した。

(2)　×3年11月20日（１ドル113円）に商品を輸入する契約を締結し、手付金として40ドル支払った。

(3)　×3年12月１日（１ドル115円）に商品200ドルを輸入し、上記前払金40ドルを差し引いた残額を掛け（決済日×4年４月10日）とした。

２．輸出取引等

(1)　×4年１月３日（１ドル116円）に商品300ドルを輸出し、代金は掛けとした。

(2)　×4年２月４日（１ドル117円）に上記売掛金のうち75ドルを決済した。なお、その他の売掛金は当期末現在、未決済である。

［資料Ⅲ］ 決算整理事項

1．商品

　　期末商品棚卸高は100ドルであり、×4年3月1日（1ドル119円）に仕入れたも
　のである。

2．貸付金

　　×3年10月1日（1ドル116円）に、貸付け（貸付額750ドル、返済日×6年9月30
　日、年利率3％、利息は毎年10月1日前受け）を行ったが、未処理である。

3．借入金

　　×2年10月1日（1ドル105円）に、借入れ（借入額1,000ドル、返済日×5年9月30
　日、年利率5％、利息は毎年9月30日後払い）を行った。

［資料Ⅳ］ 為替相場

　　　×3年3月31日：1ドル110円
　　　×3年9月30日：1ドル115円
　　　×4年3月31日：1ドル120円

外貨換算会計②

🔗解答解説 163ページ

次の［資料］にもとづいて、損益計算書（一部）と貸借対照表（一部）を作成しなさい。当期は×4年3月31日を決算日とする1年間である。なお、税効果会計は無視すること。

［資料Ⅰ］決算整理前残高試算表（一部）

決算整理前残高試算表
×4年3月31日　　　　　　　　（単位：円）

投資有価証券	各自推定	長期前受収益	各自推定
関係会社株式	240,000	有価証券利息	4,320
		有価証券売却損益	各自推定

［資料Ⅱ］決算整理事項等

1．当期における有価証券の内訳は以下のとおりである。なお、時価の回復可能性は不明である。

銘　柄	取得原価	前期末時価	当期末時価	保有目的
A 社 株 式	1,320ドル	1,350ドル	－	売　買　目　的
B 社 社 債	1,110ドル	－	1,131ドル	満期保有目的
C 社 株 式	2,400ドル	1,500ドル	1,140ドル	関連会社株式
D 社 社 債	855ドル	－	870ドル	そ　の　他

2．A社株式は×3年2月1日（直物為替相場1ドル108円）に取得したものである。なお、×3年6月1日（直物為替相場1ドル112円）に保有株式のすべてを1,362ドルで売却している。

3．B社社債（額面1,200ドル、券面利子率年3％、発行日×3年10月1日、償還日×6年9月30日、利払日9月末）は×3年10月1日（直物為替相場1ドル114円）に発行と同時に取得したものである。なお、取得と同時に社債の額面金額に対して、為替予約（先物為替相場1ドル126円）を付している。

4．C社株式は×1年4月1日（直物為替相場1ドル100円）に取得したものである。

5．D社社債（額面900ドル、券面利子率年4％、発行日×3年4月1日、償還日×8年

3月31日、利払日3月末）は×3年4月1日（直物為替相場1ドル111円）に発行と
同時に取得したものであり、償却原価法（定額法）を適用する。
6．その他の為替相場
　　前期末直物為替相場：1ドル110円
　　当期期中平均為替相場：1ドル115円
　　当期末直物為替相場：1ドル120円

[資料Ⅲ] 解答上の留意事項
1．売買目的有価証券の評価差額は切放方式、その他有価証券の評価差額は全部純資
　産直入法により処理している。
2．為替予約の処理方法として振当処理を採用している。
3．直先差額の期間配分は月割計算によること。
4．為替予約により生じる長期前払費用または長期前受収益について、長短分類は行
　わない。

外貨換算会計③　　●解答解説 167ページ

　次の［資料］にもとづいて、貸借対照表（一部）と損益計算書（一部）を作成しなさい。なお、当期は×4年3月31日を決算日とする1年間である。

［資料Ⅰ］決算整理前残高試算表（一部）

決算整理前残高試算表

×4年3月31日　　　　　　　（単位：円）

現 金 預 金	130,000	短 期 借 入 金	103,500
売 掛 金	100,000	売 上	400,000
為 替 差 損 益	1,000		

［資料Ⅱ］期中取引等

1．×4年2月1日に商品1,000ドルを掛けにより輸出したが、未処理である。なお、掛代金の決済日は×4年4月30日であり、輸出時に×4年4月30日を決済日とする為替予約1,000ドル（先物為替相場1ドル121円）を付した。

2．×4年2月10日に商品600ドルを掛けにより輸出した。なお、掛代金の決済日は×4年5月31日である。また、×4年3月1日に×4年5月31日を決済日とする為替予約600ドル（先物為替相場1ドル123円）を付した。これら一連の処理が未処理である。

3．×3年12月1日に900ドルの短期借入れ（返済日および利払日×4年11月30日、年利率4％）を行った。なお、×4年3月1日に返済額および利払額について為替予約（先物為替相場1ドル125円）を行ったが、未処理である。

4．×4年2月1日に1,200ドルの長期借入れ（返済日×7年1月31日、利払日毎年1月末、年利率5％）を行い、同日に返済額1,200ドルについて為替予約（先物為替相場1ドル126円）を行ったが、これら一連の処理が未処理である。

［資料Ⅲ］解答上の留意事項

1. 為替予約の処理方法として振当処理を採用している。なお、非資金取引について取引発生時に為替予約の契約を締結している場合には、外貨建取引および外貨建金銭債権債務等に為替予約相場による円換算額を付す方法を採用している。

2. 直先差額の期間配分は月割計算によること。

3. 為替予約により生じる長期前払費用または長期前受収益について、長短分類は行わない。

［資料Ⅳ］直物為替相場

　　　×3年12月1日　　1ドル115円　　　×4年2月1日　　1ドル117円

　　　×4年2月10日　　1ドル116円　　　×4年3月1日　　1ドル118円

　　　×4年3月31日　　1ドル120円

CH
07

外貨換算会計

日商1級　商業簿記・会計学3　問題　　47

外貨換算会計④　　●解答解説 172ページ

　次の［資料］にもとづいて、円貨額による在外支店の貸借対照表および損益計算書を作成しなさい。

［資料Ⅰ］在外支店の貸借対照表および損益計算書

貸 借 対 照 表
×1年12月31日　　　　　　　（単位：ドル）

資　　産	金　額	負債・純資産	金　額
現　　　　金	2,620	買　掛　金	600
売　掛　金	1,000	長 期 借 入 金	1,200
商　　　品	1,380	本　　店	10,000
短 期 貸 付 金	1,200	当 期 純 利 益	200
建　　　物	6,000		
減 価 償 却 累 計 額	△ 200		
	12,000		12,000

損 益 計 算 書
自×1年1月1日　至×1年12月31日　　　　（単位：ドル）

借 方 科 目	金　額	貸 方 科 目	金　額
売 上 原 価	2,600	売　上　高	3,700
商 品 評 価 損	20	その他の収益	300
減 価 償 却 費	200		
その他の費用	980		
当 期 純 利 益	200		
	4,000		4,000

［資料Ⅱ］

1．当期首において商品はない。なお、商品は低価基準を適用している。

2．本店勘定はすべて本店からの送金金額である。

3．換算に必要な1ドルあたりの為替相場は次のとおりである。

　　建 物 購 入 時　85円　　　　　本店からの送金時　83円

　　仕 入 計 上 時　82円　　　　　売 上 計 上 時　84円

　　期 中 平 均 相 場　81円　　　　　決　　算　　時　80円

4．計上時の為替相場が不明な項目については期中平均相場によること。

外貨換算会計⑤

🔲解答解説 176ページ

次の［資料］にもとづいて、外国にある支店が保有している商品Aについて、決算時の貸借対照表価額（円換算額）を計算しなさい。なお、商品Aの期末棚卸高は1,500個で、この支店では先入先出法を適用して原価を計算している。決算時の商品Aの時価は1個80ドル、為替相場は1ドル90円であった。

［資　料］

	数量	取得原価	取得時の為替相場
期 首 棚 卸 高	900 個	72,000 ドル	1 ドル＝ 96 円
第 1 回 仕 入	2,100 個	172,200 ドル	95 円
第 2 回 仕 入	1,800 個	153,000 ドル	94 円
第 3 回 仕 入	1,200 個	100,800 ドル	92 円
		498,000 ドル	

MEMO

外貨換算会計⑥　　🔲解答解説 178ページ

　次の［資料］にもとづいて、下記のドル表示の子会社（S社）の財務諸表から、当期（×1年4月1日から×2年3月31日まで）の円貨表示の損益計算書、貸借対照表および株主資本等変動計算書（利益剰余金のみ）を作成しなさい。なお、為替換算調整勘定がマイナスになる場合には△を付すこと。

［資料Ⅰ］　S社の財務諸表（ドル表示）

貸 借 対 照 表
×2年3月31日　　　　　　　　　　　　　（単位：ドル）

資　　　　　産	金　　　額	負債・純資産	金　　　額
現 金 預 金	44,000	買　　掛　　金	58,000
売　　掛　　金	94,000	長 期 借 入 金	80,000
商　　　　　品	120,000	資　　本　　金	260,000
建　　　　　物	200,000	利 益 剰 余 金	48,000
減 価 償 却 累 計 額	△12,000		
	446,000		446,000

損 益 計 算 書
自×1年4月1日　至×2年3月31日
（単位：ドル）

科　　　　　目	金　　　額
売　　上　　高	240,000
売　　上　　原　　価	152,000
売 上 総 利 益	88,000
減 価 償 却 費	12,000
そ の 他 の 費 用	36,000
当 期 純 利 益	40,000

株主資本等変動計算書（利益剰余金のみ）
自×1年4月1日　至×2年3月31日　　　　（単位：ドル）

借　方　科　目	金　　額	貸　方　科　目	金　　額
剰 余 金 の 配 当	12,000	利益剰余金当期首残高	20,000
利益剰余金当期末残高	48,000	当 期 純 利 益	40,000
	60,000		60,000

[資料Ⅱ]

1．P社は×1年3月31日にS社の発行済議決権株式の100％を280,000ドルで取得し、支配を獲得した。×1年3月31日にS社の純資産は資本金260,000ドル、利益剰余金20,000ドルであった。

2．当期中にS社はP社から商品80,000ドルを仕入れているが、この商品はすべて当期中に販売されている。

3．1ドルの為替相場は次のとおりである。

前 期 末 レ ー ト	100円	期 中 平 均 レ ー ト	99円
親会社からの仕入時レート	96円	当 期 末 レ ー ト	97円
配 当 金 支 払 時 レ ー ト	98円		

4．S社財務諸表の換算にあたり、当期純利益は期中平均レートで換算する。

外貨換算会計⑦ 解答解説 182ページ

次の［資料］にもとづいて、×3年度のA社連結貸借対照表を作成しなさい。なお、税効果会計は考慮せず、子会社の資産・負債の評価については、全面時価評価法を採用する。

［資料Ⅰ］A社の個別貸借対照表

A 社 貸 借 対 照 表 （単位：円）

借方科目	×2年度末	×3年度末	貸方科目	×2年度末	×3年度末
現 金 預 金	30,000	35,000	買 掛 金	10,000	12,000
売 掛 金	10,000	20,000	借 入 金	20,000	20,000
商 品	5,000	7,500	資 本 金	30,000	30,000
B 社 株 式	各自推定	各自推定	利益剰余金	16,500	32,000
その他有価証券	各自推定	各自推定	その他有価証券評価差額金	各自推定	各自推定
	各自推定	各自推定		各自推定	各自推定

［資料Ⅱ］B社の個別貸借対照表

B 社 貸 借 対 照 表 （単位：ドル）

借方科目	×2年度末	×3年度末	貸方科目	×2年度末	×3年度末
現 金 預 金	75	80	買 掛 金		15
売 掛 金		10	借 入 金	50	50
商 品		45	資 本 金	350	350
建 物	325	305	利益剰余金		25
	400	440		400	440

［資料Ⅲ］C社株式の時価

×2年度末　　8,000円

×3年度末　　12,000円

[資料Ⅳ] その他の留意事項

1．A社は×2年度末に100％出資によって海外子会社B社を設立した。

2．A社の個別貸借対照表に計上されているその他有価証券は、×2年度に7,000円で購入したC社株式である。

3．A社とB社は剰余金の処分を実施していない。

4．為替相場は次のとおりである。

　　×2年 度 末 為 替 相 場　　1 ドル70円

　　×3年 度 末 為 替 相 場　　1 ドル80円

　　×3年度期中平均相場　　1 ドル75円

CHAPTER 07-❽／8問

理論問題　　🖎解答解説 185ページ

以下の文章の空欄（ア～エ）に当てはまる適当な語句を答案用紙に記入しなさい。

1．外貨建金銭債権債務等に係る為替予約等の（　ア　）処理においては、当該金銭債権債務等の取得時または発生時の為替相場による円換算額と為替予約等による円貨額との差額のうち、予約等の締結時の直物為替相場による円換算額と為替予約（先物為替相場）による円換算額との差額を（　イ　）といい、予約日の属する期から決済日の属する期までの期間にわたって合理的な方法により配分し、各期の損益として処理する。

2．連結財務諸表の作成または持分法の適用にあたり、外国にある子会社または関連会社の外国通貨で表示されている財務諸表項目の換算によって生じた換算差額については、（　ウ　）として連結貸借対照表の純資産の部における（　エ　）の内訳項目として表示する。

キャッシュ・フロー計算書　📖解答解説 186ページ

　直接法、間接法（小計欄まで）のそれぞれの方法により、キャッシュ・フロー計算書を作成しなさい。

[資料Ⅰ] 財務諸表

貸　借　対　照　表　（単位：円）

資　　産	前期末	当期末	負債・純資産	前期末	当期末
現 金 預 金	189,000	239,750	支 払 手 形	70,000	42,000
受 取 手 形	70,000	84,000	買 　掛 　金	42,000	56,000
売 　掛 　金	98,000	111,650	借 　入 　金	98,000	70,000
貸倒引当金	△2,800	△3,150	未払法人税等	28,000	35,000
有 価 証 券	56,000	25,200	未 払 利 息	4,200	2,800
商 　　　品	84,000	52,500	未 払 給 料	1,400	2,100
貸 　付 　金	14,000	7,000	退職給付引当金	124,600	127,400
前 払 営 業 費	1,400	2,800	資 　本 　金	280,000	294,000
未 収 利 息	2,800	1,400	利 益 準 備 金	28,000	32,200
有形固定資産	420,000	462,000	別 途 積 立 金	42,000	56,000
減価償却累計額	△140,000	△168,000	繰越利益剰余金	74,200	97,650
	792,400	815,150		792,400	815,150

損 益 計 算 書

(単位：円)

売　　上　　高		952,000
売　上　原　価	△	616,000
給料・賞与手当	△	84,000
貸　倒　損　失	△	350
貸倒引当金繰入	△	1,400
退職給付費用	△	11,200
減価償却費	△	57,400
棚卸減耗費	△	3,500
その他の営業費	△	16,800
営　業　利　益		161,350
受取利息・配当金		5,600
有価証券売却益		7,000
償却債権取立益		700
支　払　利　息	△	8,400
有価証券評価損	△	2,800
為　替　差　損	△	4,200
経　常　利　益		159,250
固定資産売却損	△	12,600
税引前当期純利益		146,650
法　人　税　等	△	63,000
当　期　純　利　益		83,650

［資料Ⅱ］その他のデータ

1. 貸倒引当金は売上債権期末残高に対して設定している。なお、前期に取得した売掛金1,050円および当期に取得した売掛金350円が期中に貸し倒れた。また、償却債権取立益は、すべて前期に貸倒れとして処理した売上債権を当期に回収したさいに計上したものである。

2. 帳簿価額42,000円の有価証券を49,000円で売却した。

3. 貸付金の当期回収額は11,200円である。

4. 有形固定資産（取得原価168,000円、期首減価償却累計額28,000円）を126,000円で売却した。

5. 借入金の当期返済額は56,000円である。

6. 当期に退職給付8,400円（企業からの直接給付）を支払った。

7. 当期に増資を行った。

8. 当期に以下の剰余金（繰越利益剰余金）の配当・処分を行った。

　　　株主配当金　42,000円　　利益準備金　4,200円

　　　別途積立金　14,000円

9. 為替差損は外貨預金の期末換算替えによる換算差額である。

10. 現金預金はすべて現金及び現金同等物に該当する。

理論問題　　　　📖解答解説 195ページ

1．次の空欄（ア～ウ）に当てはまる適当な語句を答案用紙に記入しなさい。

(1) （　ア　）活動によるキャッシュ・フロー
　　項目：商品及び役務の販売による収入、商品および役務の購入による支出、従業員及び役員に対する報酬の支出
(2) （　イ　）活動によるキャッシュ・フロー
　　項目：有形固定資産および無形固定資産の取得による支出、有形固定資産および無形固定資産の売却による収入、有価証券（現金同等物を除く。）および投資有価証券の取得による支出、有価証券（現金同等物を除く。）および投資有価証券の売却による収入、貸付金による支出、貸付金の回収による収入
(3) （　ウ　）活動によるキャッシュ・フロー
　　項目：株式の発行による収入、自己株式の取得による支出、配当金の支払、社債の発行および借入れによる収入、社債の償還および借入金の返済による支出

2．次の文章の空欄（ア～エ）に当てはまる適当な語句を答案用紙に記入しなさい。

(1) 利息および配当金に係るキャッシュ・フローは、次のいずれかの方法により記載する。
　① 受取利息、受取配当金および支払利息は営業活動によるキャッシュ・フローの区分に記載し、支払配当金は（　ア　）の区分に表示する方法
　② 受取利息および受取配当金は（　イ　）の区分に記載し、支払利息および支払配当金は財務活動によるキャッシュ・フローの区分に記載する方法
(2) 主要な取引ごとにキャッシュ・フローを総額表示する方法を（　ウ　）といい、税金等調整前当期純利益に非資金損益項目、営業活動に係る資産および負債の増減、投資活動によるキャッシュ・フローおよび財務活動によるキャッシュ・フローの区分に含まれる損益項目を加減して表示する方法を（　エ　）という。

連結キャッシュ・フロー計算書①　解答解説 197ページ

　P社は前期末にS社株式の80％を取得し支配を獲得した。次の［資料］にもとづいて、当期の連結キャッシュ・フロー計算書（直接法）を作成しなさい。

［資料Ⅰ］当期の個別キャッシュ・フロー計算書（単位：円）

項　目	P　社	S　社
Ⅰ 営業活動によるキャッシュ・フロー		
営　業　収　入	133,000	88,000
商品の仕入れによる支出	△　91,000	△　45,000
人　件　費　の　支　出	△　13,000	△　16,000
そ　の　他　の　営　業　支　出	△　7,000	△　8,000
小　　　　計	22,000	19,000
利息及び配当金の受取額	4,500	200
利　息　の　支　払　額	△　1,500	△　1,200
法　人　税　等　の　支　払　額	△　6,000	△　5,000
営業活動によるキャッシュ・フロー	19,000	13,000
Ⅱ 投資活動によるキャッシュ・フロー		
有価証券の取得による支出	△　2,500	△　1,500
有価証券の売却による収入	6,500	3,000
有形固定資産の取得による支出	△　32,500	△　12,500
有形固定資産の売却による収入	25,000	11,000
貸　付　け　に　よ　る　支　出	△　1,500	750
貸付金の回収による収入	2,500	2,750
投資活動によるキャッシュ・フロー	△　2,500	2,000
Ⅲ 財務活動によるキャッシュ・フロー		
短　期　借　入　れ　に　よ　る　収　入	5,000	4,000
短期借入金の返済による支出	△　9,500	△　3,250
株　式　の　発　行　に　よ　る　収　入	4,000	－
配　当　金　の　支　払　額	△　3,000	△　2,500
財務活動によるキャッシュ・フロー	△　3,500	△　1,750
Ⅳ 現金及び現金同等物に係る換算差額	1,500	△　700
Ⅴ 現金及び現金同等物の増加額	14,500	12,550
Ⅵ 現金及び現金同等物の期首残高	36,000	12,000
Ⅶ 現金及び現金同等物の期末残高	50,500	24,550

［資料Ⅱ］その他の事項

1．Ｓ社は当期中にＰ社より33,000円の商品を掛けで仕入れた。

2．Ｓ社の買掛金には、Ｐ社に対するものが期首時点で25,000円、期末時点で35,000円ある。

3．Ｓ社は当期中にＰ社より500円を短期で借り入れ、750円を返済するとともに150円の利息を支払っている。

4．Ｓ社は当期中にＰ社より8,000円で土地を購入し、代金を支払った。

連結キャッシュ・フロー計算書② 🔴解答解説 201ページ

　P社は、S社株式の60%を保有し、連結会計上、S社を連結子会社としている。次の［資料］にもとづいて、当期の連結キャッシュ・フロー計算書（間接法、営業活動によるキャッシュ・フローまで）を作成しなさい。

［資料Ⅰ］前期末および当期末の連結貸借対照表

連結貸借対照表　　　　　　（単位：円）

資　　産	前期末	当期末	負債・純資産	前期末	当期末
現 金 預 金	6,000	19,320	支 払 手 形	4,000	3,000
受 取 手 形	2,600	3,300	買 掛 金	4,500	4,300
売 掛 金	6,700	6,500	未 払 利 息	140	90
貸 倒 引 当 金	△160	△180	未払法人税等	1,500	1,800
商 品	6,700	8,200	長 期 借 入 金	6,000	12,000
未 収 利 息	60	40	資 本 金	30,000	30,000
前 払 営 業 費	60	120	利 益 剰 余 金	16,820	21,610
土 地	12,000	7,000	非支配株主持分	1,400	1,800
建 物	30,000	32,000			
減価償却累計額	△5,000	△6,000			
の れ ん	900	800			
長 期 貸 付 金	4,500	3,500			
	64,360	74,600		64,360	74,600

連結損益計算書（単位：円）

売　　上　　高		73,790
売　上　原　価	△	48,000
減　価　償　却　費	△	1,000
貸倒引当金繰入	△	50
の れ ん 償 却 額	△	100
そ の 他 営 業 費	△	14,000
営　業　利　益		10,640
受 取 利 息 配 当 金		400
支　　払　　利　　息	△	600
経　常　利　益		10,440
有形固定資産売却益		1,280
損 害 賠 償 損 失	△	520
税金等調整前当期純利益		11,200
法　人　税　等	△	3,800
当　期　純　利　益		7,400
非支配株主に帰属する当期純利益	△	960
親会社株主に帰属する当期純利益		6,440

［資料Ⅲ］ その他のデータ

1．当期中の配当金の支払高はP社が1,650円、S社が1,400円であった。

2．配当金の支払いおよび受取り以外の内部取引は当期中に行われていない。

3．損害賠償損失は、損害賠償金520円を当期に支払った際に計上されたものである。

4．現金預金はすべて現金及び現金同等物に該当する。

CH
09

連結キャッシュ・フロー計算書

包括利益

📖解答解説 205ページ

　P社は×1年度末にS社株式の80％を取得し、支配を獲得した。そこで、次の［資料］にもとづき、×2年度の連結包括利益計算書（一部）を作成しなさい。支配獲得後にその他有価証券の売買は行われていない。なお、法人税等の実効税率は40％とし、税効果会計を適用する。

［資料Ⅰ］

連結貸借対照表
×3年3月31日 （単位：円）

資　　産	金　　額	負債・純資産	金　　額
諸　資　産	6,700,000	諸　負　債	3,320,000
の　れ　ん	1,920	繰延税金負債	96,000
		資　本　金	1,800,000
		利益剰余金	1,228,160
		その他有価証券評価差額金	51,360
		非支配株主持分	206,400
	6,701,920		6,701,920

［資料Ⅱ］その他有価証券の変動額

（単位：円）

	取得原価	前期末残高	当期末残高
P社	664,400	738,800	750,000

[資料Ⅲ]

連結損益計算書
自×2年4月1日　至×3年3月31日　　　（単位：円）

借 方 科 目	金 額	貸 方 科 目	金 額
諸 費 用	2,220,000	諸 収 益	2,932,000
の れ ん 償 却 額	240		
法 人 税 等	304,000		
非支配株主に帰属する当期純利益	38,400		
親会社株主に帰属する当期純利益	369,360		
	2,932,000		2,932,000

[資料Ⅳ]

連結株主資本等変動計算書
自×2年4月1日　至×3年3月31日　　　（単位：円）

	株　主　資　本		その他の包括利益累計額	非支配株主持分
	資　本　金	利益剰余金	その他有価証券評価差額金	
当期首残高	1,800,000	1,018,800	44,640	179,520
当期変動額				
剰余金の配当		△ 160,000		
親会社株主に帰属する当期純利益		369,360		
株主資本以外の項目の当期変動額（純額）			6,720	26,880
当期末残高	1,800,000	1,228,160	51,360	206,400

理論問題　　　　　📖解答解説 206ページ

次の文章の空欄（ア～カ）に当てはまる適当な語句を答案用紙に記入しなさい。

1. 「包括利益」とは、ある企業の（　ア　）の財務諸表において認識された（　イ　）の変動額のうち、当該企業の純資産に対する持分所有者との（　ウ　）な取引によらない部分をいう。当該企業の純資産に対する持分所有者には、当該企業の株主のほか当該企業の発行する新株予約権の所有者が含まれ、連結財務諸表においては、当該企業の子会社の（　エ　）も含まれる。
2. 「その他の包括利益」とは、包括利益のうち（　オ　）に含まれない部分をいう。連結財務諸表におけるその他の包括利益には、親会社株主に係る部分と（　エ　）に係る部分が含まれる。
3. 当期純利益を構成する項目のうち当期または過去の期間にその他の包括利益に含まれていた部分については、（　カ　）としてその他の包括利益の内訳項目ごとに注記する。

CH
10

包括利益

連結会計における取得関連費用 ☞解答解説 207ページ

次の［資料］にもとづいて、以下の各問に答えなさい。

［資料Ⅰ］

1．×1年度末に、P社はS社の発行済株式の80％を201,000円（取得関連費用6,000円を含む）で取得し、同社を子会社とした。

2．×1年度末におけるS社の純資産は、以下のとおりである。

　　　資　本　金　120,000円　　　資本剰余金　30,000円

　　　利益剰余金　　66,000円

　　　S社資産および負債の簿価は、時価と一致している。

3．×2年度末に、P社はS社の発行済株式総数の20％を54,000円で売却した。

4．のれんは発生年度の翌年度から10年間で定額法により償却する。

5．S社は配当を行っていない。

［資料Ⅱ］×2年度末における両社の個別貸借対照表

貸　借　対　照　表　　　　　　　（単位：円）

借　　　方	P　社	S　社	貸　　　方	P　社	S　社
諸　資　産	500,000	400,000	諸　負　債	300,000	180,000
S 社 株 式	201,000	–	資　本　金	250,000	120,000
			資本剰余金	100,000	30,000
			利益剰余金	51,000	70,000
	701,000	400,000		701,000	400,000

問1　×1年度末の連結修正仕訳にかかる各仕訳を示しなさい。

問2　×2年度末の連結修正仕訳にかかる各仕訳を示しなさい。

日商１級　商業簿記・会計学３
解答解説編

　　　　　　　　　本支店会計①

解答

本支店合併損益計算書
自×1年4月1日　至×2年3月31日　　　　（単位：円）

Ⅰ	売　上　高		（　326,000　）
Ⅱ	売　上　原　価		
	1．期首商品棚卸高	（　48,500　）	
	2．当期商品仕入高	（　260,000　）	
	合　　　計	（　308,500　）	
	3．期末商品棚卸高	（　47,000　）	
	差　　　引	（　261,500　）	
	4．商品評価損	（　2,450　）	（　263,950　）
	売上総利益		（　62,050　）
Ⅲ	販売費及び一般管理費		（　38,000　）
	営　業　利　益		（　24,050　）
Ⅳ	営業外収益		（　500　）
Ⅴ	営業外費用		（　7,900　）
	経　常　利　益		（　16,650　）

本支店合併貸借対照表
×2年3月31日　　　　　　　（単位：円）

商　　　　　品	（　41,950）	流　動　負　債		（　37,520）
その他の流動資産	（　79,960）	固　定　負　債		（　30,000）
固　定　資　産	（　44,400）	資　　本　　金		（　60,000）
		繰越利益剰余金		（　38,790）
	（　166,310）			（　166,310）

解説

本問は本支店合併損益計算書と本支店合併貸借対照表を作成する問題です。

1 売上高、売上原価

本支店合併財務諸表を作成するときには、内部利益を控除する必要があるため、売上原価の計算をする際に内部利益を控除します。

(1) 内部利益と商品評価損の計算

① 期首商品に含まれている内部利益の計算

本店残高試算表の繰延内部利益1,900円が、支店の期首商品棚卸高（支店残高試算表の繰越商品20,000円）に含まれている内部利益であり、本支店合併損益計算書上の期首商品棚卸高から控除します。

② 期末商品に含まれている内部利益と商品評価損の計算

(a) 本店

P/L期末商品棚卸高（本店分）：@300円×100個＝30,000円

棚卸減耗費（本店分）：（100個－95個）×@300円＝1,500円

商品評価損（本店分）：（@300円－@290円）×95個＝950円

B/S商品（本店分）：@290円×95個＝27,550円

(b)　支店

〈外部仕入分〉

P/L期末商品棚卸高（支店・外部）：@400円×15個＝6,000円

商品評価損（支店・外部）：（@400円－@360円）×15個＝600円

B/S商品（支店・外部）：@360円×15個＝5,400円

〈本店仕入分〉

振替価額：（19,200円－6,000円）÷50個＝@264円

原価：@264円÷1.2＝@220円

内部利益（期末商品）：（@264円－@220円）×50個＝2,200円

P/L期末商品棚卸高（本店仕入分）：@220円×50個＝11,000円

棚卸減耗費（本店仕入分）：（50個－45個）×@220円＝1,100円

商品評価損（本店仕入分）：（@220円－@200円）×45個＝900円

B/S商品（本店仕入分）：@200円×45個＝9,000円

(2) 売上高と売上原価の計算

$\boxed{\text{P/L}}$ 売上高：$\underset{\text{本店分}}{206,000円} + \underset{\text{支店分}}{120,000円} = 326,000円$

$\boxed{\text{P/L}}$ 期首商品棚卸高：$\underset{\text{本店分}}{30,400円} + \underset{\text{支店分}}{20,000円} - \underset{\substack{\text{前T/B繰延}\\\text{内部利益}}}{1,900円} = 48,500円$

$\boxed{\text{P/L}}$ 当期商品仕入高：$\underset{\text{本店分}}{220,000円} + \underset{\text{支店・外部}}{40,000円} = 260,000円$

$\boxed{\text{P/L}}$ 期末商品棚卸高：$\underset{\text{本店分}}{30,000円} + \underset{\text{支店・外部}}{6,000円} + \underset{\text{本店仕入分}}{11,000円} = 47,000円$

$\boxed{\text{P/L}}$ 商品評価損：$\underset{\text{本店分}}{950円} + \underset{\substack{\text{支店}\\\text{外部分}}}{600円} + \underset{\substack{\text{本店}\\\text{仕入分}}}{900円} = 2,450円$

2 販売費及び一般管理費、営業外収益、営業外費用

$\boxed{\text{P/L}}$ 販売費及び一般管理費：$\underset{\text{本店分}}{29,000円} + \underset{\text{支店分}}{9,000円} = 38,000円$

$\boxed{\text{P/L}}$ 営業外収益：500円

$\boxed{\text{P/L}}$ 営業外費用：$\underset{\text{本店分}}{5,000円} + \underset{\text{支店分}}{300円} + \underset{\text{棚卸減耗費}}{1,500円} + 1,100円 = 7,900円$

3 その他の計算

$\boxed{\text{B/S}}$ 商品：$\underset{\text{本店分}}{27,550円} + \underset{\text{支店外部分}}{5,400円} + \underset{\text{本店仕入分}}{9,000円} = 41,950円$

$\boxed{\text{B/S}}$ その他の流動資産：$\underset{\text{本店分}}{58,300円} + \underset{\text{支店分}}{21,660円} = 79,960円$

$\boxed{\text{B/S}}$ 固定資産：$\underset{\text{本店分}}{40,000円} + \underset{\text{支店分}}{4,400円} = 44,400円$

$\boxed{\text{B/S}}$ 流動負債：$\underset{\text{本店分}}{22,400円} + \underset{\text{支店分}}{15,120円} = 37,520円$

$\boxed{\text{B/S}}$ 繰越利益剰余金：$\underset{\text{前T/B}}{22,140円} + \underset{\text{経常利益}}{16,650円} = 38,790円$

この問題のポイントはこれ!!

① **本支店合併財務諸表の作成手順を理解しているか?**

Step1 本支店ごとの決算整理

Step2 勘定ごとに金額を合算

Step3 内部取引の相殺

Step4 内部利益の控除

② **内部利益が付された商品の棚卸減耗費と商品評価損の計算方法を理解しているか?**

棚卸減耗費と商品評価損は内部利益**控除後**に計算する。

本支店会計②

解答

本支店合併損益計算書 （単位：円）

Ⅰ	売　上　高		(5,055,000)
Ⅱ	売　上　原　価		
	1．期首商品棚卸高	(337,500)	
	2．当期商品仕入高	(3,795,000)	
	合　　　計	(4,132,500)	
	3．期末商品棚卸高	(348,300)	(3,784,200)
	売　上　総　利　益		(1,270,800)
Ⅲ	販売費及び一般管理費		
	1．営　業　費	(574,215)	
	2．広　告　宣　伝　費	(195,000)	
	3．貸倒引当金繰入	(22,485)	
	4．減　価　償　却　費	(89,100)	(880,800)
	税引前当期純利益		(390,000)
	法人税、住民税及び事業税		(156,000)
	当　期　純　利　益		(234,000)

本支店合併貸借対照表 （単位：円）

現金及び預金	(306,285)	支　払　手　形		(457,350)
受取手形 (465,000)		買　掛　金		(866,100)
貸倒引当金 (△ 13,950)	(451,050)	未払法人税等		(156,000)
売掛金 (679,500)		資　本　金		(900,000)
貸倒引当金 (△ 20,385)	(659,115)	繰越利益剰余金		(309,000)
商　品	(348,300)			
建　物 (900,000)				
減価償却累計額 (△135,000)	(765,000)			
備　品 (345,000)				
減価償却累計額 (△186,300)	(158,700)			
	(2,688,450)			(2,688,450)

本問は本支店合併損益計算書と本支店合併貸借対照表を作成する問題です。

1 決算整理

(1) 支店

(仕　　　　　入)	141,300	(繰 越 商 品)	141,300
(繰 越 商 品)	130,200	(仕　　　　　入)	130,200
(減 価 償 却 費)	21,600	(備品減価償却累計額)	21,600
(貸倒引当金繰入)	8,025	(貸 倒 引 当 金)	8,025

繰越商品（期末）：130,200円

減価償却費（備品）：120,000円×0.9÷5年＝21,600円

貸倒引当金繰入：(150,000円＋292,500円)×3%－5,250円＝8,025円
　　　　　　　　　受取手形　　売掛金　　　　　　前T/B
　　　　　　　　　　　　　　　　　　　　　　　　貸倒引当金

(2) 本店

(仕　　　　　入)	217,500	(繰 越 商 品)	217,500
(繰 越 商 品)	240,000	(仕　　　　　入)	240,000
(減 価 償 却 費)	27,000	(建物減価償却累計額)	27,000
(減 価 償 却 費)	40,500	(備品減価償却累計額)	40,500
(貸倒引当金繰入)	14,460	(貸 倒 引 当 金)	14,460

繰越商品（期末）：240,000円

減価償却費（建物）：900,000円×0.9÷30年＝27,000円

減価償却費（備品）：225,000円×0.9÷5年＝40,500円

貸倒引当金繰入：(315,000円＋387,000円)×3%－6,600円＝14,460円
　　　　　　　　　受取手形　　売掛金　　　　　　前T/B
　　　　　　　　　　　　　　　　　　　　　　　　貸倒引当金

2 決算整理後残高試算表

決算整理後残高試算表（支店） （単位：円）

現 金 預 金	90,000	支 払 手 形	196,350
受 取 手 形	150,000	買 掛 金	249,000
売 掛 金	292,500	貸 倒 引 当 金	13,275
繰 越 商 品	130,200	備品減価償却累計額	64,800
備 品	120,000	本 店	84,900
仕 入	1,182,600	売 上	2,325,000
本 店 よ り 仕 入	1,175,400	本 店 へ 売 上	510,000
営 業 費	205,500		
広 告 宣 伝 費	67,500		
貸 倒 引 当 金 繰 入	8,025		
減 価 償 却 費	21,600		
	3,443,325		3,443,325

決算整理後残高試算表（本店） （単位：円）

現 金 預 金	216,285	支 払 手 形	261,000
受 取 手 形	315,000	買 掛 金	617,100
売 掛 金	387,000	繰 延 内 部 利 益	21,300
繰 越 商 品	240,000	貸 倒 引 当 金	21,060
建 物	900,000	建物減価償却累計額	135,000
備 品	225,000	備品減価償却累計額	121,500
支 店	84,900	資 本 金	900,000
仕 入	2,601,000	繰 越 利 益 剰 余 金	75,000
支 店 よ り 仕 入	510,000	売 上	2,730,000
営 業 費	368,715	支 店 へ 売 上	1,175,400
広 告 宣 伝 費	127,500		
貸 倒 引 当 金 繰 入	14,460		
減 価 償 却 費	67,500		
	6,057,360		6,057,360

3 合併整理

(1) 本店勘定と支店勘定の相殺

(本 店)	84,900	(支 店)	84,900

(2) 内部取引の相殺

(支 店 へ 売 上)	1,175,400	(本 店 よ り 仕 入)	1,175,400
(本 店 へ 売 上)	510,000	(支 店 よ り 仕 入)	510,000

(3) 内部利益の調整

(繰 延 内 部 利 益)	21,300	(繰延内部利益戻入)	21,300
前T/B繰延内部利益		P/L期首商品棚卸高から控除	
(繰延内部利益控除)	21,900	(繰 延 内 部 利 益)	21,900
P/L期末商品棚卸高から控除		B/S商品から控除	

繰延内部利益戻入：21,300円
  本店前T/B繰延内部利益

支店付加利益：$(240,000円 - 127,800円) \times \dfrac{0.1}{1.1} = 10,200円$
  期末手許商品　外部仕入分

本店付加利益：$(130,200円 - 60,000円) \times \dfrac{0.2}{1.2} = 11,700円$
  期末手許商品　外部仕入分

繰延内部利益控除：$10,200円 + 11,700円 = 21,900円$
  支店付加利益　本店付加利益

(4) 法人税等

(法人税、住民税及び事業税)	156,000	(未 払 法 人 税 等)	156,000

P/L 法人税、住民税及び事業税：$390,000円 \times 40\% = 156,000円$
  税引前当期純利益

78

4 公表用財務諸表の数値

P/L 期首商品棚卸高：217,500円 + 141,300円 − 21,300円 = 337,500円
本店手許商品　支店手許商品　　繰延内部
　　　　　　　　　　　　　　　利益戻入

P/L 当期商品仕入高：2,623,500円 + 1,171,500円 = 3,795,000円
本店前T/B仕入　支店前T/B仕入

P/L 期末商品棚卸高 & B/S 商品：240,000円 + 130,200円 − 21,900円
本店手許商品　支店手許商品　　繰延内部
　　　　　　　　　　　　　　　利益控除

= 348,300円

この問題のポイントはこれ！！

① **本支店合併財務諸表の作成手順を理解しているか？**

Step1 本支店ごとの決算整理

Step2 勘定ごとに金額を合算

Step3 内部取引の相殺

Step4 内部利益の控除

↳ 本店・支店の両方に内部利益が含まれる期末商品がある。

② **前T/B繰延内部利益は本店・支店両方の内部利益の金額であると理解しているか？**

・内部利益の記帳方法

(1)本店が一括して処理する方法 **◀ 本問はこっち**

⇒内部利益は**すべて**本店の帳簿に記帳する。

⇒本店側の試算表の繰延内部利益の欄にだけ金額が与えられている。

(2)本店と支店が別々に記帳する方法

⇒本店・支店**それぞれの帳簿**に自己が付加した内部利益を記帳する。

⇒本店・支店両方の試算表の繰延内部利益の欄に金額が与えられている。

本支店会計③

本支店合併損益計算書 （単位：円）

Ⅰ	売　上　高		（　47,960　）
Ⅱ	売　上　原　価		
	1．期首商品棚卸高	（　8,800　）	
	2．当期商品仕入高	（　32,700　）	
	合　　　計	（　41,500　）	
	3．期末商品棚卸高	（　7,910　）	（　33,590　）
	売　上　総　利　益		（　14,370　）
Ⅲ	販売費及び一般管理費		
	1．営　業　費	（　10,160　）	
	2．貸倒引当金繰入	（　64　）	
	3．減　価　償　却　費	（　850　）	（　11,074　）
	税引前当期純利益		（　3,296　）
	法人税、住民税及び事業税		（　1,648　）
	当　期　純　利　益		（　1,648　）

本支店合併貸借対照表 （単位：円）

現金及び預金	（　5,900）	支　払　手　形	（　4,710）
売　掛　金（　6,200）		買　掛　金	（　15,750）
貸倒引当金（△　124）（　6,076）		未払法人税等	（　1,648）
商　　　品	（　7,910）	資　本　金	（　10,000）
建　　　物（　24,100）		利益準備金	（　2,000）
減価償却累計額（△　7,730）（　16,370）		繰越利益剰余金	（　2,148）
	（　36,256）		（　36,256）

解説

本問は本支店合併損益計算書と本支店合併貸借対照表を作成する問題です。

1 決算整理仕訳

(1) **本店**

（仕　　　　　入）	5,200	（繰　越　商　品）	5,200
（繰　越　商　品）	4,600	（仕　　　　　入）	4,600
（減 価 償 却 費）	580	（建物減価償却累計額）	580
（貸倒引当金繰入）	58	（貸 倒 引 当 金）	58

貸倒引当金繰入：4,400円 × 2 ％ － 30円 ＝ 58円
　　　　　　　　　前T/B　　　前T/B
　　　　　　　　　売掛金　　　貸倒引当金

(2) **京都支店**

（仕　　　　　入）	2,200	（繰　越　商　品）	2,200
（繰　越　商　品）	2,020	（仕　　　　　入）	2,020
（減 価 償 却 費）	210	（建物減価償却累計額）	210
（貸倒引当金繰入）	2	（貸 倒 引 当 金）	2

貸倒引当金繰入：600円 × 2 ％ － 10円 ＝ 2 円
　　　　　　　　　前T/B　　　前T/B
　　　　　　　　　売掛金　　　貸倒引当金

(3) **神戸支店**

（仕　　　　　入）	1,760	（繰　越　商　品）	1,760
（繰　越　商　品）	1,400	（仕　　　　　入）	1,400
（減 価 償 却 費）	60	（建物減価償却累計額）	60
（貸倒引当金繰入）	4	（貸 倒 引 当 金）	4

貸倒引当金繰入：1,200円 × 2 ％ － 20円 ＝ 4 円
　　　　　　　　　前T/B　　　前T/B
　　　　　　　　　売掛金　　　貸倒引当金

決算整理後残高試算表 (単位：円)

借 方	本 店	京都支店	神戸支店	貸 方	本 店	京都支店	神戸支店
現 金 預 金	1,500	2,900	1,500	支 払 手 形	3,110	950	650
売 掛 金	4,400	600	1,200	買 掛 金	9,800	2,750	3,200
繰 越 商 品	4,600	2,020	1,400	貸倒引当金	88	12	24
建 物	15,400	5,800	2,900	繰延内部利益	360	–	–
京 都 支 店	1,750	–	–	建物減価償却累計額	2,860	4,570	300
神 戸 支 店	1,450	–	–	本 店	–	1,750	1,450
仕 入	24,600	4,480	4,760	資 本 金	10,000	–	–
本店より仕入	–	5,220	3,600	利 益 準 備 金	2,000	–	–
営 業 費	5,300	2,600	2,260	繰越利益剰余金	500	–	–
貸倒引当金繰入	58	2	4	売 上	22,100	13,800	12,060
減 価 償 却 費	580	210	60	京都支店へ売上	5,220	–	–
				神戸支店へ売上	3,600	–	–
合 計	59,638	23,832	17,684	合 計	59,638	23,832	17,684

3 合併整理

(1) 本店勘定と支店勘定の相殺

（本 店）	1,750	（京 都 支 店）	1,750
（本 店）	1,450	（神 戸 支 店）	1,450

(2) 内部取引の相殺

（京都支店へ売上）	5,220	（本 店 よ り 仕 入）	5,220
（神戸支店へ売上）	3,600	（本 店 よ り 仕 入）	3,600

(3) 内部利益の調整

（繰 延 内 部 利 益）	360	（繰 延 内 部 利 益 戻 入）	360
（繰延内部利益控除）	110	（繰 延 内 部 利 益）	110

繰延内部利益戻入：本店前T/B繰延内部利益360円

繰延内部利益控除：$(770円 + 440円) \times \dfrac{0.1}{1.1} = 110円$
　　　　　　　　　京都支店　神戸支店
　　　　　　　　　手許商品　手許商品

(4) 法人税、住民税及び事業税

（法人税, 住民税及び事業税）	1,648	（未払法人税等）	1,648

P/L 法人税、住民税及び事業税：$3,296円 \times 50\% = 1,648円$

P/L 期首商品棚卸高：$\underset{本店}{5,200円} + \underset{京都支店}{2,200円} + \underset{神戸支店}{1,760円} - \underset{繰延内部\\利益戻入}{360円} = 8,800円$

P/L 当期商品仕入高：$\underset{本店}{24,000円} + \underset{京都支店}{4,300円} + \underset{神戸支店}{4,400円} = 32,700円$

P/L 期末商品棚卸高＆ B/S 商品：$\underset{本店}{4,600円} + \underset{京都支店}{2,020円} + \underset{神戸支店}{1,400円} - \underset{繰延内部\\利益控除}{110円}$

$= 7,910円$

この問題のポイントはこれ!!

▶ **本支店合併財務諸表の作成手順を理解しているか？**

Step1 本支店ごとの決算整理

Step2 勘定ごとに金額を合算

Step3 内部取引の相殺

Step4 内部利益の控除

↳ 支店が複数ある場合、それぞれの支店の内部利益の調整を行う。

解答

合併後貸借対照表
×2年4月1日　　　　　　　　　　（単位：円）

資　　産	金　　額	負債・純資産	金　　額
諸　資　産	2,650,000	諸　　負　　債	1,050,000
の　れ　ん	5,000	資　　本　　金	735,500
		資　本　準　備　金	335,500
		その他資本剰余金	200,000
		利　益　準　備　金	75,000
		任　意　積　立　金	90,000
		繰　越　利　益　剰　余　金	169,000
		自　己　株　式	－
	2,655,000		2,655,000

解説

本問は存続会社の合併後貸借対照表を作成する問題です。

1　合併引継仕訳

B社の諸資産と諸負債を時価で引き継ぎます。

（諸　資　産）	1,150,000	（諸　　負　　債）	450,000
（の　れ　ん）	5,000	（自　己　株　式）	234,000
		（資　　本　　金）	235,500
		（資　本　準　備　金）	235,500

自己株式：@195円×1,200株＝234,000円

交付株式数：1,800株＋1,200株＝3,000株
　　　　　　新株発行　　自己株式

増加する株主資本：@235円×3,000株＝705,000円

1株あたり　交付株式数
時価

資本金＆資本準備金：$(705,000円－234,000円)\times\dfrac{1}{2}=235,500円$

増加する　　　自己株式の
株主資本　　　帳簿価額

| B/S | のれん：貸借差額 5,000円 |

| B/S | 自己株式：234,000円－234,000円＝ 0円 |
合併前A社B/S

| B/S | 資本金：500,000円＋235,500円＝735,500円 |
合併前A社B/S

| B/S | 資本準備金：100,000円＋235,500円＝335,500円 |
合併前A社B/S

| B/S | 諸資産：1,500,000円＋1,150,000円＝2,650,000円 |
合併前A社B/S

| B/S | 諸負債：600,000円＋450,000円＝1,050,000円 |
合併前A社B/S

この問題のポイントはこれ!!

▶ **対価として株式を交付する場合の吸収合併の処理の流れを理解しているか？**

Step1 取得原価（増加する株主資本）の計算

　　　交付株式の**時価**×交付株式数

Step2 時価による資産・負債の受入れ

　　　消滅会社の資産・負債は**時価**で受け入れる

Step3 のれんの計上

　・「受け入れた資産－受け入れた負債」＜「取得原価」の場合

　　⇒のれん

　・「受け入れた資産－受け入れた負債」＞「取得原価」の場合

　　⇒負ののれん

Step4 取得原価の内訳の決定（資本金or資本準備金）

　　　払込資本＝増加する株主資本－自己株式の帳簿価額

└▶ 自己株式を処分する場合、帳簿価額を控除

企業結合②

解答

合併後貸借対照表
×6年4月1日　　　　　　　　　　　　（単位：円）

資　　産	金　　額	負債・純資産	金　　額
諸　　資　　産	6,202,000	諸　　負　　債	2,400,000
B　社　株　式	－	資　　本　　金	1,945,000
の　　れ　　ん	88,000	資　本　準　備　金	1,145,000
		その他資本剰余金	200,000
		利　益　準　備　金	160,000
		任　意　積　立　金	100,000
		繰越利益剰余金	340,000
	6,290,000		6,290,000

解説

本問は存続会社の合併後貸借対照表を作成する問題です。

1 合併引継仕訳

B社の諸資産と諸負債を時価で引き継ぎます。

（諸　　資　　産）	3,000,000	（諸　　負　　債）	1,000,000
（の　　れ　　ん）	88,000	（B　社　株　式）	198,000
		（資　　本　　金）	945,000
		（資　本　準　備　金）	945,000

B社株式：合併前A社B/SのB社株式198,000円

増加する株主資本：@700円×(3,000株−300株)＝1,890,000円
　　　　　　　　　　　発行済　　A社所有分
　　　　　　　　　　　株式総数

資本金＆資本準備金：$1,890,000円 \times \frac{1}{2} = 945,000円$

| B/S | のれん：貸借差額 88,000円

| B/S | 諸資産：<u>3,202,000円</u> + 3,000,000円 = 6,202,000円
　　　　　　合併前A社B/S

| B/S | 諸負債：<u>1,400,000円</u> + 1,000,000円 = 2,400,000円
　　　　　　合併前A社B/S

| B/S | 資本金：<u>1,000,000円</u> + 945,000円 = 1,945,000円
　　　　　　合併前A社B/S

| B/S | 資本準備金：<u>200,000円</u> + 945,000円 = 1,145,000円
　　　　　　　　合併前A社B/S

この問題のポイントはこれ!!

▶ **段階取得をともなう取得原価の計算を理解しているか？**

取得原価＝**抱合株式の帳簿価額**＋交付株式の時価×交付株式数

　　　　　　　　　　　　　　　　　　↳ 発行済株式総数から
　　　　　　　　　　　　　　　　　　　抱合株式数は控除

解答

①	資本金	450,000 円
②	のれん	100,000 円

解説

　本問は合併比率の算定をして、合併後の資本金とのれんを求める問題です。

1　企業評価額の算定

　A社とB社の企業評価額をそれぞれ求めます。

(1)　A社（存続会社）

①発行済株式総数：800,000円÷@125円＝6,400株

②純資産額：1,280,000円

③収益還元価値：1,280,000円×15％÷10％＝1,920,000円

④企業評価額（平均）：(1,280,000円＋1,920,000円)÷2＝1,600,000円

(2)　B社（消滅会社）

①発行済株式総数：500,000円÷@125円＝4,000株

②純資産額：800,000円

③収益還元価値：800,000円×12.5％÷10％＝1,000,000円

④企業評価額（平均）：(800,000円＋1,000,000円)÷2＝900,000円

2　合併比率の算定

　両社の1株あたりの企業評価額を比較して、合併比率を算定します。

$$合併比率：\frac{900,000円÷4,000株}{1,600,000円÷6,400株}＝\frac{@225円（B社の1株あたりの企業評価額）}{@250円（A社の1株あたりの企業評価額）}$$

$$＝0.9$$

3 **交付株式数の算定**

B社株主に対して交付するA社株式数を算定します。

交付するA社株式数：$\underset{\substack{\text{B社}\\\text{株式数}}}{4{,}000\text{株}} \times \underset{\substack{\text{合併}\\\text{比率}}}{0.9} = 3{,}600\text{株}$

4 **増加資本金の算定（①）**

B社を取得することによって増加する株主資本を算定します。

増加する株主資本（取得価額）：$\underset{\substack{\text{A社株式1株}\\\text{あたりの時価}}}{@250\text{円}} \times 3{,}600\text{株} = 900{,}000\text{円}$

増加資本金：$900{,}000\text{円} \times \dfrac{1}{2} = 450{,}000\text{円}$

5 **のれんの算定（②）**

取得原価（交付したA社株式）とB社の時価による純資産額の差額をのれんとして計上します。

のれん：$\underset{\text{取得原価}}{900{,}000\text{円}} - \underset{\substack{\text{時価による}\\\text{純資産額}}}{800{,}000\text{円}} = 100{,}000\text{円}$

この問題のポイントはこれ!!

① **交付株式数の算定手順を理解しているか？**

　Step1 企業評価額の計算

　・純資産額法：総資産額 − 総負債額

　・収益還元価値法：（自己資本 × 自己資本利益率）÷ 資本還元率

　・株式市価法：1株あたりの時価 × 発行済株式総数

　・折衷法：複数の方法で計算された企業評価額の平均値　◀━ **本問はこっち**

　Step2 合併比率の計算

　・合併比率 ＝ $\dfrac{\text{消滅会社の1株あたりの企業評価額}}{\text{存続会社の1株あたりの企業評価額}}$

　Step3 交付株式数の算定

　・交付株式数 ＝ 消滅会社の発行済株式総数 × 合併比率

② **1株あたり資本金組入額の情報から、各社の発行済株式総数を推定できたか？**

　・発行済株式総数 ＝ $\dfrac{\text{資本金}}{\text{1株あたり資本金組入額}}$

企業結合④

解答

（単位：円）

借 方 科 目	金 額	貸 方 科 目	金 額
子 会 社 株 式	1,200,000	自 己 株 式	270,000
		資 本 金	750,000
		資 本 準 備 金	180,000

解説

本問は株式交換に関する問題です。

1 株式交換の仕訳

A社株式と交換するB社株式の取得原価は、A社株式の時価に交付するA社株式数をかけて計算します。

（子 会 社 株 式）	1,200,000	（自 己 株 式）	270,000
		（資 本 金）	750,000
		（資 本 準 備 金）	180,000

自己株式：@1,350円×200株＝270,000円

子会社株式：@3,000円×500株×0.8＝1,200,000円
　　　　　　　　時価　　　交付株式数

増加する払込資本：1,200,000円－270,000円＝930,000円
　　　　　　　　　　子会社株式　　自己株式

資本金：問題文の指示より 750,000円

資本準備金：貸借差額 180,000円

この問題のポイントはこれ!!

▶ **株式交換における取得原価の計算方法を理解しているか？**

・取得企業株式の**時価**×(被取得企業の発行済株式総数×交換比率)
　　　　　　　　　　　　　　　　交付株式数

企業結合⑤

解答

貸　借　対　照　表　　　　（単位：円）

借　方　科　目	金　　額	貸　方　科　目	金　　額
A　社　株　式	1,200,000	資　　本　　金	708,000
B　社　株　式	216,000	資　本　剰　余　金	708,000
	1,416,000		1,416,000

解説

本問は株式移転に関する問題です。

1　株式移転の仕訳

L社の個別上の仕訳をします。

（A　社　株　式）	1,200,000	（資　　本　　金）	708,000
（B　社　株　式）	216,000	（資　本　剰　余　金）	708,000

A社株式：750,000円 ＋ 90,000円 ＋ 360,000円 ＝ 1,200,000円
　　　　　　 A社　　　 A社資本　　 A社利益
　　　　　 資本金　　 剰余金　　　 剰余金

B社株主への交付株式数：1,200株 × 0.6 ＝ 720株
　　　　　　　　　　　 B社発行　 株式移
　　　　　　　　　　　 済株式数　 転比率

B社株式：@300円 × 720株 ＝ 216,000円
　　　　 A社株式の時価

株主資本の増加額：1,200,000円 ＋ 216,000円 ＝ 1,416,000円

資本金：$1,416,000円 \times \dfrac{1}{2} = 708,000円$

資本剰余金：$1,416,000円 \times \dfrac{1}{2} = 708,000円$

なお、L社は新設会社なので、上記の仕訳をそのまま貸借対照表に計上するだけ
で作成できます。

▶ **株式移転における取得原価の計算方法を理解しているか？**

・**取得**企業である子会社株式の取得原価＝取得企業の**株主資本の額**（帳簿価額）

・**被取得**企業である子会社株式の取得原価

＝取得企業株式の**時価**×（被取得企業の発行済株式総数×株式移転比率）

交付株式数

解答

問1　A社の仕訳

(1)　B社が子会社になる場合　　　　　　　　　　　　　　（単位：円）

借　方　科　目	金　　額	貸　方　科　目	金　　額
Y 事 業 用 負 債	96,000	Y 事 業 用 資 産	360,000
子 会 社 株 式	264,000		

(2)　B社が子会社にも関連会社にもならない場合　　　（単位：円）

借　方　科　目	金　　額	貸　方　科　目	金　　額
Y 事 業 用 負 債	96,000	Y 事 業 用 資 産	360,000
その他有価証券	306,000	移 　転　 利　 益	42,000

問2　B社の仕訳　　　　　　　　　　　　　　　　　　（単位：円）

借　方　科　目	金　　額	貸　方　科　目	金　　額
Y 事 業 用 資 産	420,000	Y 事 業 用 負 債	120,000
の 　　れ　　 ん	6,000	資 　　本 　　金	153,000
		資 本 準 備 金	153,000

解説

本問は事業分離に関する問題です。分離元と分離先の違いに注意しましょう。

問1　A社の仕訳

1　B社が子会社になる場合

　B社が子会社になる場合は、B社株式を対価であるY事業の帳簿価額で評価します。

（Y事業用負債）	96,000	（Y事業用資産）	360,000
帳簿価額		帳簿価額	
（子会社株式）	264,000		

子会社株式：360,000円 − 96,000円 ＝ 264,000円
  Y事業用   Y事業用   帳簿価額に
  資産簿価   負債簿価   よる純資産額

2 B社が子会社にも関連会社にもならない場合

B社が子会社にも関連会社にもならない場合には、B社株式を時価で評価し、移転損益を認識します。

（Y事業用負債）	96,000	（Y事業用資産）	360,000
帳簿価額		帳簿価額	
（その他有価証券）	306,000	（移　転　利　益）	42,000

その他有価証券（B社株式時価）：@204円 × 1,500株 ＝ 306,000円
              B社株式時価

移転利益：306,000円 − (360,000円 − 96,000円) ＝ 42,000円
     その他有価証券   帳簿価額による純資産額
              264,000円

問2　B社の仕訳

分離先企業であるB社がパーチェス法によって処理をするので、問1⑵のB社が子会社にも関連会社にもならない場合と同じだとわかります。

パーチェス法では移転されたY事業用資産・負債を時価で評価し、増加する株主資本との差額をのれんとして処理します。

（Y事業用資産）	420,000	（Y事業用負債）	120,000
時価		時価	
（の　　れ　　ん）	6,000	（資　　本　　金）	153,000
		（資　本　準　備　金）	153,000

増加する株主資本：@204円 × 1,500株 ＝ 306,000円

資本金（増加額）：306,000円 × $\frac{1}{2}$ ＝ 153,000円

資本準備金（増加額）：306,000円 × $\frac{1}{2}$ ＝ 153,000円

のれん：306,000円 − (420,000円 − 120,000円) ＝ 6,000円
   増加する株主資本   配分された純額

この問題のポイントはこれ!!

▶ **受取対価が分離先企業の株式のみの場合の事業分離の会計処理を理解しているか？**

(1)分離元企業の会計処理

・分離先企業が子会社か関連会社の場合 ⬅**問1⑴はこっち**

⇒受取対価は移転した事業の**株主資本相当額**で評価

・上記以外の場合 ⬅**問1⑵はこっち**

⇒受取対価は分離先企業の株式の**時価**で評価

(2)分離先企業の会計処理

・分離先企業が子会社の場合

⇒移転した資産・負債は移転前の**帳簿価額**で評価

・上記以外の場合（パーチェス法） ⬅**問2はこっち**

⇒移転した資産・負債は移転前の**時価**で評価

⇒支払対価との差額は**のれん**または**負ののれん**

解答

ア	イ	ウ
報告単位	株式交換	株式移転
エ	オ	カ
共同支配企業の形成	共通支配下の取引	株式
キ	ク	ケ
株主資本相当額	時価	移転損益

解説

　企業結合に関する用語について問う問題です。

1．企業結合とは、ある企業（またはある企業を構成する事業）と他の企業（または他の企業を構成する事業）とが1つの（ **報告単位** ）に統合されることをいう。

2．企業結合となる取引の例として、（ **株式交換** ）と（ **株式移転** ）がある。いずれも、取引の結果、当事者である会社が完全親会社・完全子会社の関係となる。このうち、（ **株式交換** ）は既存の会社に発行済株式を取得させるのに対し、（ **株式移転** ）は新設する会社に発行済株式を取得させる。

3．企業結合のうち、契約等にもとづき、「複数の独立した企業により共同で支配される企業」を形成する企業結合は（ **共同支配企業の形成** ）に分類される。この例として、合弁会社の設立が挙げられる。

4．結合当事企業または事業が、企業結合の前後で同一の株主により最終的に支配され、かつ、その支配が一時的ではない場合の企業結合は（ **共通支配下の取引** ）に分類される。この例として、子会社同士の合併が該当する。

5．会社の分割にあたって、分割元企業の受け取る対価が分離先企業の（ **株式** ）のみであり、事業分離によって分離先企業が新たに分離元企業の子会社や関連会社となる場合、分離元企業は、個別財務諸表上、分離先企業から受け取った（ **株式** ）の取得原価を移転した事業に係る（ **株主資本相当額** ）にもとづいて算定して処理する。

6．事業分離等の会計処理において、分離元企業が現金等の財産などのように移転した事業と異なる資産を対価として受け取る場合や、分離先企業の株式を対価として受け取った場合も、その分離先企業が子会社や関連会社に該当しない場合、分離元企業は株式等の受取対価を（　**時価**　）で計上するとともに、移転した事業の株主資本相当額との差額は（　**移転損益**　）として認識しなければならない。

資本連結①

解答

連結貸借対照表
×5年3月31日 　(単位：円)

資　　産	金　　額	負債・純資産		金　　額
諸　資　産	153,000	諸　　負　　債		74,400
の　れ　ん	672	資　本　金	❶	42,000
		利　益　剰　余　金	❶	28,032
		非 支 配 株 主 持 分	❶	9,240
	153,672			153,672

❶連結株主資本等変動計算書より

連結株主資本等変動計算書
自×4年4月1日　至×5年3月31日 　(単位：円)

	株　主　資　本				非支配株主持分
	資　本　金		利益剰余金		
当期首残高	❷	42,000	❸	18,816	8,040
当期変動額					
親会社株主に帰属する 　当期純利益			❹	9,216	
株主資本以外の項目の 　当期変動額（純額）					1,200
当期末残高		42,000		28,032	9,240

❷P社個別財務諸表より

❸利益剰余金当期首残高：18,000円 + 4,500円 − 3,684円 = 18,816円
　　　　　　　　　　　　　P社　　　S社　　　開始仕訳

❹親会社株主に帰属する当期純利益：7,500円 + 3,000円 − 1,200円 − 84円 = 9,216円
　　　　　　　　　　　　　　　　　P社　　　S社　　非支配株主に帰属　のれん
　　　　　　　　　　　　　　　　　　　　　　　　　する当期純利益　償却額

連　結　損　益　計　算　書
自×4年4月1日　至×5年3月31日　　　　（単位：円）

借　方　科　目	金　　額	貸　方　科　目	金　　額
諸　　費　　用	184,500	諸　　収　　益	195,000
の れ ん 償 却 額	84		
非支配株主に帰属する当期純利益	1,200		
親会社株主に帰属する当期純利益 ❹	9,216		
	195,000		195,000

解説

本問は、資本連結の基本的な問題です。

1　タイムテーブル

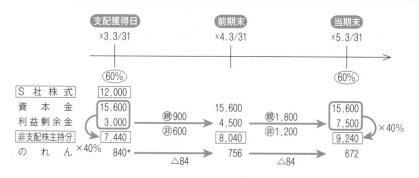

＊　のれん：12,000円 − 15,600円 − 3,000円 + 7,440円 = 840円

2 連結修正仕訳

連結財務諸表を作成するにあたっては、個別財務諸表を合算したうえで、連結上あるべき数値に修正するために連結修正仕訳を行います。

(1) 開始仕訳

① ×2年度末（60％取得）

（資本金当期首残高）	15,600	（Ｓ　社　株　式）	12,000
（利益剰余金当期首残高）	3,000	（非支配株主持分当期首残高）	7,440
（の　　れ　　ん）	840		

非支配株主持分当期首残高：18,600円×<u>40％</u>＝7,440円
　　　　　　　　　　　　　　　　　　非支配株主
　　　　　　　　　　　　　　　　　　持分比率

② ×3年度

(i) 支配獲得後利益剰余金の振替え

（利益剰余金当期首残高）	600	（非支配株主持分当期首残高）	600

(ii) のれんの償却

（利益剰余金当期首残高）	84	（の　　れ　　ん）	84

利益剰余金当期首残高（のれん償却額）：840円÷10年＝84円

③ ①＋② → 開始仕訳

（資本金当期首残高）	15,600	（Ｓ　社　株　式）	12,000
（利益剰余金当期首残高）	3,684	（非支配株主分当期首残高）	8,040
（の　　れ　　ん）	756		

利益剰余金当期首残高：3,000円＋　600円　＋84円＝3,684円
　　　　　　　　　　　　支配獲得時　非支配株主　のれん
　　　　　　　　　　　　利益剰余金　に帰属する　償却額
　　　　　　　　　　　　　　　　　　支配獲得後
　　　　　　　　　　　　　　　　　　利益剰余金

非支配株主持分当期首残高：<u>20,100円</u>×<u>40％</u>＝8,040円
　　　　　　　　　　　　　資本合計　非支配株主
　　　　　　　　　　　　　　　　　　持分比率

(2) 当期純利益の按分

（非支配株主に帰属する当期純損益）	1,200	（非支配株主持分当期変動額）	1,200

非支配株主に帰属する当期純損益：3,000円×40％＝1,200円
　　　　　　　　　　　　　　　　当期純利益　非支配株主
　　　　　　　　　　　　　　　　　　　　　　持分比率

(3) のれんの償却

（のれん償却額）	84	（の　　れ　　ん）	84

この問題のポイントはこれ!!

▶ **資本連結の基本的な会計処理を理解しているか?**

Step1 子会社の資産・負債の時価評価

Step2 **親会社と子会社の財務諸表の合算**

Step3 **連結修正仕訳**

(1)投資と資本の相殺消去

のれん=親会社の投資勘定-子会社の諸資本×親会社持分割合

(2)支配獲得後の当期純損益の振替え

非支配株主に帰属する当期純損益

=子会社の当期純利益×非支配株主持分比率

(3)のれんの償却

原則20年、定額法

(4)剰余金の配当

親会社持分:受取配当金の減少

非支配株主持分:非支配株主持分の減少

資本連結②

解答

連結貸借対照表
×4年3月31日 (単位：円)

資　産	金　額	負債・純資産		金　額
諸　資　産	2,881,500	諸　負　債		1,925,000
の　れ　ん	5,400	資　本　金	❶	375,000
		利　益　剰　余　金	❶	514,400
		非支配株主持分	❶	72,500
	2,886,900			2,886,900

❶連結株主資本等変動計算書より

連結株主資本等変動計算書
自×3年4月1日　至×4年3月31日 (単位：円)

	株　主　資　本		非支配株主持分
	資　本　金	利益剰余金	
当期首残高	❷ 375,000	❹ 329,700	57,500
当期変動額			
剰余金の配当		❷ △ 100,000	
親会社株主に帰属する 　当期純利益		❸ 284,700	
株主資本以外の項目の 　当期変動額（純額）			15,000
当期末残高	375,000	514,400	72,500

❷P社個別財務諸表より

❸親会社株主に帰属する当期純利益：$\underset{\text{P社}}{225,000円} + \underset{\text{S社}}{125,000円} - \underset{\substack{\text{非支配株主に帰属}\\\text{する当期純損益}}}{25,000円} - \underset{\substack{\text{のれん}\\\text{償却額}}}{300円}$

$$- \underset{\text{受取配当金}}{40,000円} = 284,700円$$

❹利益剰余金当期首残高：$\underset{\text{P社}}{300,000円} + \underset{\text{S社}}{137,500円} - \underset{\text{開始仕訳}}{107,800円} = 329,700円$

連 結 損 益 計 算 書
自×3年4月1日　至×4年3月31日　　　　（単位：円）

借　方　科　目	金　　額	貸　方　科　目	金　　額
諸　　費　　用	3,400,000	諸　　収　　益	3,675,000
の れ ん 償 却 額	300	受 取 利 息 配 当 金 ❺	35,000
非支配株主に帰属する当期純利益	25,000		
親会社株主に帰属する当期純利益 ❸	284,700		
	3,710,000		3,710,000

❺受取利息配当金：$\underset{\text{P社}}{62,500円} + \underset{\text{S社}}{12,500円} - \underset{\text{相殺消去}}{40,000円} = 35,000円$

解説

本問は、資本連結において、剰余金の配当を含む場合についての問題です。

1 タイムテーブル

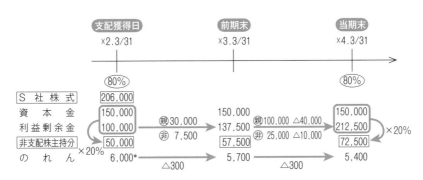

$*$　のれん：$206,000円 - 150,000円 - 100,000円 + 50,000円 = 6,000円$

子会社の配当金は親会社に対するものか、非支配株主に対するものかで連結上の処理が異なります。連結財務諸表を作成するにあたっては、個別財務諸表を「合算」したうえで、連結上あるべき数値に修正するために連結修正仕訳を行います。

(1) **開始仕訳**

(資本金当期首残高)	150,000	(S 社 株 式)	206,000
(利益剰余金当期首残高)	107,800	(非支配株主持分当期首残高)	57,500
(の れ ん)	5,700		

利益剰余金当期首残高：100,000円＋7,500円＋300円＝107,800円
　　　　　　　　　　　　支配獲得時　　非支配株主　　のれん
　　　　　　　　　　　　利益剰余金　　に帰属する　　償却額
　　　　　　　　　　　　　　　　　　支配獲得後
　　　　　　　　　　　　　　　　　　利益剰余金

非支配株主持分当期首残高：287,500円×20％＝57,500円
　　　　　　　　　　　　　　資本合計　　非支配株主
　　　　　　　　　　　　　　　　　　　持分比率

(2) **当期純利益の按分**

(非支配株主に帰属する当期純損益)	25,000	(非支配株主持分当期変動額)	25,000

非支配株主に帰属する当期純損益：125,000円×20％＝25,000円
　　　　　　　　　　　　　　　　　当期純利益　　非支配株主
　　　　　　　　　　　　　　　　　　　　　　　持分比率

(3) **のれんの償却**

(のれん償却額)	300	(の れ ん)	300

のれん償却額：6,000円÷20年＝300円
　　　　　　　のれん

(4) **剰余金の配当**

(受 取 配 当 金)	40,000	(剰余金の配当)	50,000
(非支配株主持分当期変動額)	10,000		

受取配当金：50,000円×80％＝40,000円
　　　　　　S社配当金　　親会社
　　　　　　　　　　　持分比率

非支配株主持分当期変動額：50,000円×20％＝10,000円
　　　　　　　　　　　　　　S社配当金　非支配株主
　　　　　　　　　　　　　　　　　　　持分比率

この問題のポイントはこれ!!

▶ **資本連結の基本的な会計処理を理解しているか？**

Step1 子会社の資産・負債の時価評価

Step2 親会社と子会社の財務諸表の合算

Step3 連結修正仕訳

(1)投資と資本の相殺消去

のれん＝親会社の投資勘定−子会社の諸資本×親会社持分割合

(2)支配獲得後の当期純損益の振替え

非支配株主に帰属する当期純損益

＝子会社の当期純利益×非支配株主持分比率

(3)のれんの償却

原則20年、定額法

(4)剰余金の配当

親会社持分：受取配当金の減少

非支配株主持分：非支配株主持分の減少

理論問題

解答

ア	イ	ウ
子会社	一時的	全面

エ
非支配株主持分

解説

　連結会計（資本連結）に関する用語について問う問題です。

１．親会社は、原則としてすべての（ **子会社** ）を連結の範囲に含める。

２．子会社のうち次に該当するものは、連結の範囲に含めない

　⑴　支配が（ **一時的** ）であると認められる企業

　⑵　⑴以外の企業であって、連結することにより利害関係者の判断を著しく誤ら
　　せるおそれのある企業

３．連結貸借対照表の作成にあたっては、支配獲得日において、子会社の資産及び
　　負債のすべてを支配獲得日の時価により評価する方法である（ **全面** ）時価評価
　　法により評価する。

４．子会社の資本のうち親会社に帰属しない部分は、（ **非支配株主持分** ）とする。

CHAPTER 04-❶／4問 　　　　**資本連結（段階取得）**

解答

連 結 貸 借 対 照 表
×2年3月31日　　　　　　　　　　　　　（単位：円）

資　　産	金　　額	負債・純資産	金　　額
諸　　資　　産	1,581,000	諸　　負　　債	840,000
の　　れ　　ん	33,600	繰 延 税 金 負 債	18,000
		資　　本　　金	300,000
		資 本 剰 余 金	90,000
		利 益 剰 余 金	273,000
		非 支 配 株 主 持 分	93,600
	1,614,600		1,614,600

解説

　本問は、段階取得によって支配を獲得した場合の資本連結の問題です。段階取得によって、子会社の支配を獲得した場合は、支配獲得時に一括して子会社株式を取得したとみなします。支配獲得時において、それ以前に取得していた子会社株式は時価評価されます。

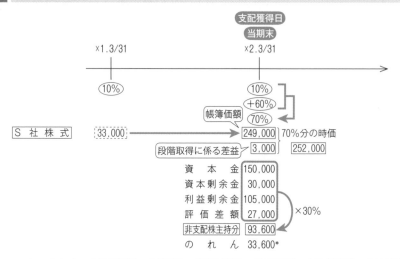

* のれん：249,000円 + 3,000円 − 150,000円 − 30,000円 − 105,000円 − 27,000円
+ 93,600円 = 33,600円

2 連結修正仕訳

支配獲得前に取得した子会社株式を連結上、時価で再評価するにあたって、個別貸借対照表上の帳簿価額と支配獲得日の時価の差額は段階取得に係る差益（損）（利益剰余金）として処理します。

(1) **支配獲得日（×2年3月31日）の仕訳**

① S社資産・負債の評価替え（全面時価評価法）

（諸　資　産）	60,000	（諸　負　債）	15,000
		（繰延税金負債）	18,000
		（評　価　差　額）	27,000

諸資産：690,000円 − 630,000円 = 60,000円 ⎫
諸負債：360,000円 − 345,000円 = 15,000円 ⎬ 差額45,000円

繰延税金負債：45,000円 × 40% = 18,000円
　　　　　　　　　　　　実効税率

評価差額：45,000円 × (100% − 40%) = 27,000円
　　　　　　　　　　　　　　実効税率

② 子会社株式の時価評価

（S　社　株　式）	3,000	（段階取得に係る差益）	3,000
		利益剰余金の増加	

段階取得に係る損益：252,000円 − 249,000円 ＝ 3,000円
　　　　　　　　　　　時価　　　　帳簿価額

∴　連結会計上の子会社株式の評価額：252,000円
　　　　　　　　　　　　　　　　　　　時価

③　投資と資本の相殺消去

（資　　本　　金）	150,000	（S　社　株　式）	252,000
（資 本 剰 余 金）	30,000	（非支配株主持分）	93,600
（利 益 剰 余 金）	105,000		
（評 価 差 額）	27,000		
（の　　れ　　ん）	33,600		

のれん：252,000円 − (150,000円 + 30,000円 + 105,000円 + 27,000円) × 70％
　　　　　　　　　　　　　　　218,400円（P社持分）
　　　＝ 33,600円

非支配株主持分：(150,000円 + 30,000円 + 105,000円 + 27,000円) × 30％ ＝ 93,600円
　　　　　　　　　　　　　　　　　　　　　　　　　　　　　　　　非支配株主
　　　　　　　　　　　　　　　　　　　　　　　　　　　　　　　　持分比率

3 連結精算表

連結精算表　　　　　　　　　　　　　（単位：円）

科　目	個別貸借対照表			連結修正仕訳		連　結
	P 社	S 社	合　計	借　方	貸　方	貸借対照表
諸　資　産	891,000	630,000	1,521,000	60,000		1,581,000
の れ ん	–	–	–	33,600		33,600
S 社 株 式	249,000	–	249,000	3,000	252,000	0
合　計	1,140,000	630,000	1,770,000	96,600	252,000	1,614,600
諸　負　債	(480,000)	(345,000)	(825,000)		15,000	(840,000)
繰延税金負債	–	–	–		18,000	(18,000)
資　本　金	(300,000)	(150,000)	(450,000)	150,000		(300,000)
資 本 剰 余 金	(90,000)	(30,000)	(120,000)	30,000		(90,000)
利 益 剰 余 金	(270,000)	(105,000)	(375,000)	105,000	3,000	(273,000)
評 価 差 額	–	–	–	27,000	27,000	(0)
非支配株主持分	–	–	–		93,600	(93,600)
合　計	(1,140,000)	(630,000)	(1,770,000)	312,000	156,600	(1,614,600)

▶ **段階取得の場合の連結上の会計処理を理解しているか？**

既取得の子会社株式は**支配獲得日の時価で再評価**

⇒差額：段階取得に係る差益（差損）

資本連結（追加取得）

解答

連結貸借対照表
×4年3月31日　　　　　　　　（単位：円）

資　　産	金　　額	負債・純資産		金　　額
諸　資　産	1,036,250	諸　負　債		607,500
土　　地	431,250	資　本　金	❶	500,000
の　れ　ん	4,050	資　本　剰　余　金	❶	49,375
		利　益　剰　余　金	❶	215,300
		非支配株主持分	❶	99,375
	1,471,550			1,471,550

❶連結株主資本等変動計算書より

連結株主資本等変動計算書
自×3年4月1日　至×4年3月31日　　　　　（単位：円）

	株　主　資　本			非支配株主持分
	資　本　金	資本剰余金	利益剰余金	
当期首残高	❷　500,000	❷　55,000	❸　184,150	122,500
当期変動額				
剰余金の配当			❷△ 45,000	
親会社株主に帰属する 当期純利益			❹　76,150	
非支配株主との取引に 係る親会社の持分変動		△ 5,625		
株主資本以外の項目の 当期変動額（純額）				△ 23,125
当期末残高	500,000	49,375	215,300	99,375

❷ P社個別財務諸表より

❸ 利益剰余金当期首残高：182,500円 ＋ 100,000円 － 98,350円 ＝ 184,150円
　　　　　　　　　　　　　　　P社　　　　　　S社　　　　　開始仕訳

❹ 親会社株主に帰属する当期純利益：62,500円 ＋ 37,500円 － 15,000円 － 1,350円
　　　　　　　　　　　　　　　　　　P社　　　　　S社　　非支配株主に帰属　のれん
　　　　　　　　　　　　　　　　　　　　　　　　　　　する当期純損益　償却額

　　　　　　　　　　　　　　　－ 7,500円 ＝ 76,150円
　　　　　　　　　　　　　　　受取配当金

112

連結損益計算書
自×3年4月1日 至×4年3月31日　　　　　（単位：円）

借 方 科 目	金 額	貸 方 科 目	金 額
諸　　費　　用	775,000	諸　　収　　益	815,500
の れ ん 償 却 額	1,350	受 取 配 当 金	52,000
非支配株主に帰属する当期純利益	15,000		
親会社株主に帰属する当期純利益 ❹	76,150		
	867,500		867,500

CH
04

連結会計Ⅱ

解説

　本問は、追加取得の場合の資本連結の問題です。前問の段階取得の問題との違いは、追加取得を行う以前の段階で、すでに子会社の支配を獲得しているということです。すでに子会社の支配を獲得したあとに追加取得を行った場合は、支配獲得時のように子会社株式の時価への評価替えは行いません。

1 評価差額の計上

　S社の土地について、時価評価を行います。

（土　　　　　地）　6,250　（評　価　差　額）　6,250

評価差額（×2年3月31日）：$(56,250円 - 50,000円) = 6,250円$
　　　　　　　　　　　　　時価　　簿価

2 タイムテーブル

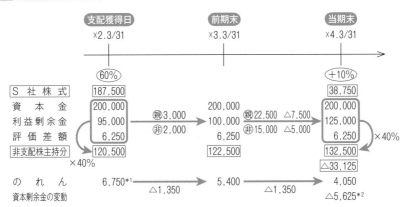

＊1　のれん：187,500円－200,000円－95,000円－6,250円＋120,500円＝6,750円

＊2　資本剰余金の変動：33,125円－38,750円＝△5,625円

3 連結修正仕訳

　開始仕訳などの連結修正仕訳に加えて、追加取得に係る連結修正仕訳を行います。
追加取得した子会社株式と、追加取得割合に相当する非支配株主持分を相殺します。
貸借差額が生じる場合は、資本剰余金として処理します。

(1) 開始仕訳

① ×1年度末（60％取得）

（資本金当期首残高）	200,000	（S　社　株　式）	187,500
（利益剰余金当期首残高）	95,000	（非支配株主持分当期首残高）	120,500
（評　価　差　額）	6,250		
（の　　れ　　ん）	6,750		

非支配株主持分当期首残高：301,250円×40％＝120,500円
　　　　　　　　　　　　　　資本合計　　非支配株主
　　　　　　　　　　　　　　　　　　　　持分比率

② ×2年度

(ⅰ) 支配獲得後利益剰余金の振替え

| （利益剰余金当期首残高） | 2,000 | （非支配株主持分当期首残高） | 2,000 |

(ⅱ) のれんの償却

| （利益剰余金当期首残高） | 1,350 | （の　　れ　　ん） | 1,350 |

利益剰余金当期首残高（のれん償却額）：6,750円÷5年＝1,350円

③ 開始仕訳（①＋②）

（資本金当期首残高）	200,000	（S　社　株　式）	187,500
（利益剰余金当期首残高）	98,350	（非支配株主持分当期首残高）	122,500
（評　価　差　額）	6,250		
（の　　れ　　ん）	5,400		

利益剰余金当期首残高：95,000円＋2,000円＋1,350円＝98,350円
　　　　　　　　　　　支配獲得時　非支配株主　のれん
　　　　　　　　　　　利益剰余金　に帰属する　償却額
　　　　　　　　　　　　　　　　　支配獲得後
　　　　　　　　　　　　　　　　　利益剰余金

(2) 当期純利益の按分

| （非支配株主に帰属する当期純損益） | 15,000 | （非支配株主持分当期変動額） | 15,000 |

非支配株主持分当期変動額：37,500円×40％＝15,000円
　　　　　　　　　　　　　　　　　　　非支配株主持分比率

(3) **のれんの償却**

（の れ ん 償 却 額）	1,350	（の れ ん）	1,350

(4) **剰余金の配当**

（受 取 配 当 金）	7,500	（剰 余 金 の 配 当）	12,500
（非支配株主持分当期変動額）	5,000		

受取配当金：12,500円×60％＝7,500円
　　　　　　　　　　Ｐ社持分比率

非支配株主持分当期変動額：12,500円×40％＝5,000円
　　　　　　　　　　　　　　　　　非支配株主
　　　　　　　　　　　　　　　　　持分比率

(5) **追加取得（10％）**

（非支配株主持分当期変動額）	33,125	（Ｓ 社 株 式）	38,750
（資本剰余金持分の変動）	5,625		

非支配株主持分当期変動額：331,250円×10％＝33,125円
　　　　　　　　　　　　　資本合計　追加取得
　　　　　　　　　　　　　　　　　　比率

連結会計Ⅱ

この問題のポイントはこれ!!

▶ **追加取得の場合の連結上の会計処理を理解しているか？**

・追加取得した子会社株式

　　↕　差額：**資本剰余金**

・追加取得割合に相当する非支配株主持分

子会社株式の売却

解答

連 結 貸 借 対 照 表
x2年3月31日　　　　　　　　（単位：円）

資　　産	金　　額	負債・純資産	金　　額
諸　　資　　産	880,000	諸　　負　　債	456,000
の　　れ　　ん	4,608	繰 延 税 金 負 債	6,400
		資　　本　　金	160,000
		資 本 剰 余 金	4,608
		利 益 剰 余 金	192,960
		非 支 配 株 主 持 分	64,640
	884,608		884,608

解説

　本問は、一部売却についての問題です。連結会計においては、個別上の値を連結上の値に修正するため、連結修正仕訳を行います。

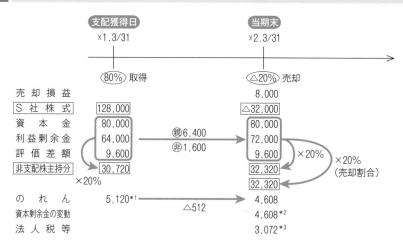

* 1　のれん：128,000円－80,000円－64,000円－9,600円＋30,720円＝5,120円

* 2　資本剰余金の増減：{(8,000円＋32,000円)－32,320円}×(1－40％)
　　　　　　　　　　　＝4,608円（増加）

* 3　関連する法人税等：{(8,000円＋32,000円)－32,320円}×40％＝3,072円

2　連結修正仕訳

　個別上の値を連結上の値に修正するため、連結修正仕訳では子会社株式売却損益の修正を行います。本問は、連結貸借対照表のみの作成なので、貸借対照表項目で仕訳を行います。

(1)　開始仕訳（x1年3月31日）

①　S社資産・負債の評価替え（全面時価評価法）

（諸　資　産）	32,000	（諸　　負　　債）	16,000
		（繰延税金負債）	6,400
		（評　価　差　額）	9,600

諸資産：336,000円－304,000円＝32,000円 ⎫
　　　　　　　　　　　　　　　　　　　⎬ 差額16,000円
諸負債：176,000円－160,000円＝16,000円 ⎭

繰延税金負債：16,000円×40％＝6,400円
　　　　　　　　　　　実効税率

評価差額：16,000円×(100％－40％)＝9,600円
　　　　　　　　　　　　　　実効税率

② 投資と資本の相殺消去

（資　本　金）	80,000	（S　社　株　式）	128,000
（利 益 剰 余 金）	64,000	（非支配株主持分）	30,720
（評　価　差　額）	9,600		
（の　　れ　　ん）	5,120		

非支配株主持分：（80,000円 + 64,000円 + 9,600円）× 20％ = 30,720円

(2) **当期の期中仕訳（×1年 4 月 1 日から×2年 3 月31日まで）**

① のれんの当期償却

（利 益 剰 余 金） のれん償却額	512	（の　　れ　　ん）	512

利益剰余金（のれん償却額）：5,120円 ÷ 10年 = 512円

② S 社増加剰余金の振替え

（利 益 剰 余 金）	1,600	（非支配株主持分）	1,600

非支配株主持分：（72,000円 − 64,000円）× 20％ = 1,600円
　　　　　　　　　8,000円

③ 子会社株式の売却

（S　社　株　式）	32,000	（非支配株主持分）	32,320
（利 益 剰 余 金） 子会社株式売却損益	8,000	（資 本 剰 余 金）	7,680

非支配株主持分（売却持分）：

　（80,000円 + 72,000円 + 9,600円）× 20％ = 32,320円

S 社株式（売却株式の原価）：128,000円 × $\frac{1}{4}$ = 32,000円

資本剰余金（子会社株式売却価額との差額）：40,000円 − 32,320円 = 7,680円
　　　　　　　　　　　　　　　　　　　　売却価額　　売却持分

④ 一部売却に関連する法人税等の調整

（資 本 剰 余 金）	3,072	（利 益 剰 余 金） 法人税、住民税および事業税	3,072

関連する法人税等：7,680円 × 40％ = 3,072円

3 連結貸借対照表の数値

連結B/S のれん：5,120円 − 512円 = 4,608円

連結B/S 利益剰余金：192,000円 + 72,000円 − 64,000円 − 512円 − 1,600円 − 8,000円
　　　　　　　　　　　　 P社　　　　 S社　　　 開始仕訳　　 のれん　　　 非支配株主に帰属　　 個別上の
　　　　　　　　　　　　　　　　　　　　　　　　　　　　　　 償却額　　　 する当期純利益　　　　 売却益

　　　　　　　+ 3,072円 = 192,960円
　　　　　　　 関連する
　　　　　　　 法人税等

連結B/S 非支配株主持分：30,720円 + 1,600円 + 32,320円 = 64,640円

4 連結精算表

連　結　精　算　表　　　　　　　　　（単位：円）

科　目	個 別 貸 借 対 照 表			連 結 修 正 仕 訳		連　　結
	P　社	S　社	合　計	借　方	貸　方	貸借対照表
諸　資　産	512,000	336,000	848,000	32,000		880,000
の　れ　ん	−	−	−	5,120	512	4,608
S 社 株 式	96,000	−	96,000	32,000	128,000	0
合　計	608,000	336,000	944,000	69,120	128,512	884,608
諸　負　債	(256,000)	(184,000)	(440,000)		16,000	(456,000)
繰延税金負債	−	−	−		6,400	(6,400)
資　本　金	(160,000)	(80,000)	(240,000)	80,000		(160,000)
資本剰余金	−	−	−	3,072	7,680	(4,608)
利 益 剰 余 金	(192,000)	(72,000)	(264,000)	64,000 512 1,600 8,000	3,072	(192,960)
評 価 差 額	−	−	−	9,600	9,600	0
非支配株主持分	−	−	−		30,720 1,600 32,320	(64,640)
合　計	(608,000)	(336,000)	(944,000)	166,784	107,392	(884,608)

① 子会社株式の一部売却の会計処理を理解しているか?

　a. 個別上の会計処理

　　売却損益＝売却価額－子会社株式の帳簿価額(売却分)

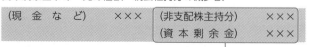

| (現 金 な ど) | ××× | (子 会 社 株 式) | ××× |
| | | (子会社株式売却損益) | ××× |

　b. 連結上の会計処理

　　資本剰余金(A)＝売却価額－親会社持分の減少額

| (現 金 な ど) | ××× | (非支配株主持分) | ××× |
| | | (資 本 剰 余 金) | ××× |

　c. 連結修正仕訳(b－a)

| (子 会 社 株 式) | ××× | (非支配株主持分) | ××× |
| (子会社株式売却損益) | ××× | (資 本 剰 余 金) | ××× |

個別上の処理を取り消す

② 一部売却に関連する法人税等の調整(資本剰余金から控除する額の計算)を理解しているか?

・関連する法人税等＝**上記(A)×法定実効税率**

理論問題

解答

ア	イ	ウ
親会社	経済的単一体	時価
エ	**オ**	
段階取得に係る損益	資本剰余金	

解説

連結会計に関する用語について問う問題です。

1．連結財務諸表の作成にあたって、連結財務諸表を親会社の財務諸表の延長線上に位置づけて、資本に関して親会社の株主の持分のみを反映させる考え方を（**親会社**）説という。

　　これに対して、連結財務諸表を親会社の株主とは区別される企業集団全体の財務諸表と位置づけて、企業集団を構成するすべての連結会社の株主の持分を反映させる考え方を（**経済的単一体**）説という。

2．段階取得における子会社に対する投資の金額は、連結財務諸表上、支配獲得日における（**時価**）で算定し、時価評価による差額は、当期の（**段階取得に係る損益**）として連結損益計算書の特別損益に計上する。

3．子会社株式を追加取得または一部売却し、親会社と子会社の支配関係が継続している場合、親会社の持分の変動額と追加投資額または売却価額との間に生じた差額は、（**資本剰余金**）とする。

解答

連 結 貸 借 対 照 表
×3年3月31日
(単位：円)

資　　産	金　　額	負債・純資産	金　　額
⋮		支 払 手 形	(37,000)
		⋮	
		短 期 借 入 金	(39,000)
	×××		⋮
			×××

連 結 損 益 計 算 書
自×2年4月1日 至×3年3月31日
(単位：円)

借 方 科 目	金　　額	貸 方 科 目	金　　額
⋮		⋮	
支 払 利 息	(4,508)		
手 形 売 却 損	(812)		
⋮			
	×××		×××

解説

　連結修正仕訳を行うためには、個別上で行った仕訳と連結上のあるべき仕訳を
しっかりとイメージできることが大事です。連結の視点から見た場合の取引を考え
ましょう。

1 裏書手形

連結上でも裏書手形なので、仕訳はありません。

2 割引手形

割引手形は連結上では、銀行からの短期借入金になります。

(支 払 手 形)	8,000	(短 期 借 入 金)	8,000
(支 払 利 息)	108	(手 形 売 却 損)	108

3 手許保有分

連結内部での債権債務となるので相殺します。

(支 払 手 形)	3,000	(受 取 手 形)	3,000

受取手形：16,000円 − (5,000円 + 8,000円) = 3,000円
　　　　　　当期末未決済高　　裏書分　　割引分

CH
05

連結会計Ⅲ

この問題のポイントはこれ!!

▶ **手形の、連結上の会計処理を理解しているか？**

・債権債務の相殺消去
　支払手形と受取手形を**相殺消去**
・手形の割引き
　借入れを行ったと考える。
　⇒支払手形は**短期借入金**として処理する。
　⇒手形売却損は**支払利息**として処理する。
・手形の裏書き
　仕訳なし

未実現損益の消去①

解答

連 結 損 益 計 算 書
自×2年4月1日 至×3年3月31日
(単位：円)

Ⅰ	売　上　高	(	358,400)
Ⅱ	売　上　原　価	(	231,770)
	売　上　総　利　益	(	126,630)
Ⅲ	販売費及び一般管理費		
	1．（貸倒引当金繰入）	(	1,253)
	⋮		
	営　業　利　益		×××

連結株主資本等変動計算書（利益剰余金のみ）
自×2年4月1日 至×3年3月31日
(単位：円)

利　益　剰　余　金
当　期　首　残　高 （ 40,887 ）
⋮
当　期　末　残　高 ×××

連 結 貸 借 対 照 表
×3年3月31日 （単位：円）

借　方　科　目	金　額	貸　方　科　目	金　額
⋮		支払手形及び買掛金	(66,500)
受取手形及び売掛金	(80,500)	貸　倒　引　当　金	(2,093)
商　　　　品	(82,250)	⋮	
⋮			
	×××		×××

解説

親子会社間の取引は、連結内部での取引です。親子会社間の取引に利益を付加している場合、連結財務諸表を作成するにあたり、この付加された利益は未実現利益となるため、消去する必要があります。

1 売上高と仕入高の相殺消去

連結内部での取引は相殺します。

（売　上　高）	67,900	（売 上 原 価）	67,900

2 棚卸資産に係る未実現損益の調整

期末（期首）において、S社が保有するP社仕入商品について未実現損益の調整を行います。

（利益剰余金当期首残高）	280	（売 上 原 価）	280
（売 上 原 価）	350	（商　　　品）	350

期首棚卸資産に係る未実現利益：期首商品1,680円 × $\dfrac{\text{付加利益率}20\%}{1+\text{付加利益率}20\%}$ ＝ 280円

期末棚卸資産に係る未実現利益：期末商品2,100円 × $\dfrac{\text{付加利益率}20\%}{1+\text{付加利益率}20\%}$ ＝ 350円

3 売上債権と仕入債務の相殺消去

（支払手形及び買掛金）	13,300	（受取手形及び売掛金）	13,300

対S社期末残高：9,800円 ＋ 3,500円 ＝ 13,300円
　　　　　　　　売掛金　　受取手形

4 貸倒引当金の調整

売上債権を相殺消去したことに伴い、貸倒引当金についても調整を行います。

(1) 開始仕訳

（貸 倒 引 当 金）	567	（利益剰余金当期首残高）	567

対S社期首残高：(16,100円 ＋ 2,800円) × 3％ ＝ 567円
　　　　　　　　売掛金　　受取手形

(2) **当期の貸倒引当金の修正**

前期の相殺債権（売掛金・受取手形）が当期の相殺債権（売掛金・受取手形）より大きい場合の考え方は以下のとおりとなります。

① 期首貸倒引当金の修正

| （貸倒引当金繰入） | 567 | （貸倒引当金） | 567 |

② 期末貸倒引当金の修正

| （貸 倒 引 当 金） | 399 | （貸倒引当金繰入） | 399 |

対 S 社期末残高：（9,800円 + 3,500円）× 3 % = 399円
　　　　　　　　　売掛金　　受取手形

③ 当期の貸倒引当金の修正（① + ②）

| （貸倒引当金繰入） | 168 | （貸 倒 引 当 金） | 168 |

---

5 **利益剰余金当期首残高の計算**

利益剰余金当期首残高：35,000円 + 14,000円 − 8,400円 − 280円 + 567円 = 40,887円
　　　　　　　　　　　　 P 社　　　　 S 社　　 資本連結　 棚卸資産・　 貸倒
　　　　　　　　　　　　　　　　　　　　　　　 開始仕訳　 未実現利益　 引当金
　　　　　　　　　　　　　　　　　　　　　　　　　　　　　　　　　　 の調整

この問題のポイントはこれ!!

① **連結会社間の取引の相殺消去の会計処理を理解しているか？**

	相殺消去勘定	
資金取引	貸付金	借入金
	受取利息	支払利息
	未収利息	未払利息
	前受収益	前払費用
貸倒引当金の調整	貸倒引当金繰入	貸倒引当金
商品売買取引	売上高	売上原価
	売上原価	商品
	買掛金	売掛金
	支払手形	受取手形

② **未実現損益の消去（ダウンストリーム）の会計処理を理解しているか？**

・親会社に未実現利益が生じている場合

⇒ダウンストリーム：全額消去・**親会社負担**方式

⇒非支配株主への按分は**不要**

未実現損益の消去②

解答

（単位：円）

	借 方 科 目	金 額	貸 方 科 目	金 額
(1)	土 地 売 却 益	20,000	土 地	20,000
	繰 延 税 金 資 産	8,000	法 人 税 等 調 整 額	8,000
(2)	土 地 売 却 益	20,000	土 地	20,000
	繰 延 税 金 資 産	8,000	法 人 税 等 調 整 額	8,000
	非支配株主持分当期変動額	3,600	非支配株主に帰属する当期純損益	3,600
(3)	備 品 売 却 益	20,000	備 品	20,000
	繰 延 税 金 資 産	8,000	法 人 税 等 調 整 額	8,000
	減 価 償 却 累 計 額	3,600	減 価 償 却 費	3,600
	法 人 税 等 調 整 額	1,440	繰 延 税 金 資 産	1,440
(4)	備 品 売 却 益	20,000	備 品	20,000
	繰 延 税 金 資 産	8,000	法 人 税 等 調 整 額	8,000
	非支配株主持分当期変動額	3,600	非支配株主に帰属する当期純損益	3,600
	減 価 償 却 累 計 額	3,600	減 価 償 却 費	3,600
	法 人 税 等 調 整 額	1,440	繰 延 税 金 資 産	1,440
	非支配株主に帰属する当期純損益	648	非支配株主持分当期変動額	648

解説

　必要な手続の違いに着目すると、非償却性資産と償却性資産の違いは、減価償却の手続きの有無です。また、ダウンストリームとアップストリームの違いは、非支配株主持分への按分手続きの有無です。場合分けをすることで、必要な手続きは何かを把握するようにしましょう。

1 **非償却性資産に含まれる未実現利益（ダウンストリーム）**

　土地は非償却性資産であるため、減価償却に伴う手続きは必要ありません。また、P社（親会社）からS社（子会社）への売却であるため、ダウンストリーム（全額消去・親会社負担方式）になります。

| （土 地 売 却 益） | 20,000 | （土　　　　地） | 20,000 |
| （繰 延 税 金 資 産） | 8,000 | （法人税等調整額） | 8,000 |

　繰延税金資産：（120,000円 − 100,000円）× 40％ ＝ 8,000円
　　　　　　　　　　　売価　　　　原価

2 **非償却性資産に含まれる未実現利益（アップストリーム）**

　本問も非償却性資産のため、減価償却に伴う手続きは必要ありません。しかし、S社（子会社）からP社（親会社）への売却であるため、アップストリーム（全額消去・持分按分負担方式）になります。

（土 地 売 却 益）	20,000	（土　　　　地）	20,000
（繰 延 税 金 資 産）	8,000	（法人税等調整額）	8,000
（非支配株主持分当期変動額）	3,600	（非支配株主に帰属する当期純損益）	3,600

　非支配株主に帰属する当期純損益：（20,000円 − 8,000円）× 30％ ＝ 3,600円
　　　　　　　　　　　　　　　　　　　　　　　　　　　非支配株主持分割合

3 **償却性資産に含まれる未実現損益（ダウンストリーム）**

　備品は償却性資産であるため、減価償却を行いますが、連結上と個別上で金額が異なるため、減価償却費の修正が必要となります。そして、これに伴い税効果会計を適用します。また、P社（親会社）からS社（子会社）への売却であるため、ダウンストリーム（全額消去・親会社負担方式）になります。

（備 品 売 却 益）	20,000	（備　　　　品）	20,000
（繰 延 税 金 資 産）	8,000	（法人税等調整額）	8,000
（減価償却累計額）	3,600	（減 価 償 却 費）	3,600
（法人税等調整額）	1,440	（繰 延 税 金 資 産）	1,440

　繰延税金資産：（120,000円 − 100,000円）× 40％ ＝ 8,000円
　　　　　　　　　　　売価　　　　原価

　減価償却費：20,000円 × 0.9 ÷ 5 年 ＝ 3,600円

　繰延税金資産（取崩分・貸方）：3,600円 × 40％ ＝ 1,440円
　　　　　　　　　　　　　　　　　　　　　　実効税率

4 償却性資産に含まれる未実現損益（アップストリーム）

本問も償却性資産であるため、減価償却費の修正と税効果会計の適用が必要になります。しかし、Ｓ社（子会社）からＰ社（親会社）への売却であるため、アップストリーム（全額消去・持分按分負担方式）になります。

（備品売却益）	20,000	（備　　　　品）	20,000
（繰延税金資産）	8,000	（法人税等調整額）	8,000
（非支配株主持分当期変動額）	3,600	（非支配株主に帰属する当期純損益）	3,600
（減価償却累計額）	3,600	（減価償却費）	3,600
（法人税等調整額）	1,440	（繰延税金資産）	1,440
（非支配株主に帰属する当期純損益）	648	（非支配株主持分当期変動額）	648

非支配株主に帰属する当期純損益（備品売却分）：（20,000円－8,000円）×30％＝3,600円
　　　　　　　　　　　　　　　　　　　　　　　　　　　　非支配株主持分割合

非支配株主に帰属する当期純損益（減価償却分）：（3,600円－1,440円）×30％＝648円

この問題のポイントはこれ!!

▶ **未実現損益の消去の会計処理を理解しているか？**

・親会社に未実現利益が生じている場合
　⇒ダウンストリーム：全額消去・**親会社負担**方式
　⇒非支配株主への按分は**不要**

・子会社に未実現利益が生じている場合
　⇒アップストリーム：全額消去・**持分按分負担**方式
　⇒非支配株主への按分が**必要**

解答

1. 売上債権と仕入債務の相殺消去 (単位：円)

借　方　科　目	金　　　額	貸　方　科　目	金　　　額
買　　掛　　金	200,000	売　　掛　　金	200,000

2. 開始仕訳 (単位：円)

借　方　科　目	金　　　額	貸　方　科　目	金　　　額
貸 倒 引 当 金	8,000	利益剰余金当期首残高	8,000
利益剰余金当期首残高	3,200	繰 延 税 金 負 債	3,200

3. 当期の貸倒引当金の修正と税効果会計の適用 (単位：円)

借　方　科　目	金　　　額	貸　方　科　目	金　　　額
貸 倒 引 当 金 繰 入	4,000	貸 倒 引 当 金	4,000
繰 延 税 金 負 債	1,600	法 人 税 等 調 整 額	1,600

解説

親会社における期首貸倒引当金の修正（期首＞期末の場合）の問題です。

1 売上債権と仕入債務の相殺消去

（買　　掛　　金）　200,000　（売　　掛　　金）　200,000*

＊　対S社期末残高

2 貸倒引当金の調整

売上債権を相殺消去したことにともない、貸倒引当金についても、調整します。

(1) **開始仕訳**

（貸 倒 引 当 金）　8,000　（利益剰余金当期首残高）　8,000
（利益剰余金当期首残高）　3,200　（繰 延 税 金 負 債）　3,200

利益剰余金当期首残高（法人税等調整額）：8,000円×40％＝3,200円

(2) **当期の貸倒引当金の修正と税効果会計の適用**

当期の相殺債権（売掛金）が、前期の相殺債権（売掛金）より小さい場合には、以下のように考えます。

① 期首貸倒引当金の修正・税効果の適用

（貸倒引当金繰入）	8,000	（貸 倒 引 当 金）	8,000
（繰 延 税 金 負 債）	3,200	（法人税等調整額）	3,200

② 期末貸倒引当金の修正・税効果の適用

（貸 倒 引 当 金）	4,000	（貸倒引当金繰入）	4,000
（法人税等調整額）	1,600	（繰 延 税 金 負 債）	1,600

貸倒引当金：200,000円×2％＝4,000円

法人税等調整額：4,000円×40％＝1,600円

③ 当期の貸倒引当金の修正・税効果の適用（①＋②）

（貸倒引当金繰入）	4,000	（貸 倒 引 当 金）	4,000
（繰 延 税 金 負 債）	1,600	（法人税等調整額）	1,600

この問題のポイントはこれ!!

▶ **貸倒引当金の修正において、貸倒引当金が①「期首＜期末」の場合と②「期首＞期末」の場合の会計処理の違いを理解しているか？**

・当期の債権債務に対する貸倒引当金の修正と税効果会計

① 貸倒引当金が「期首＜期末」の場合

（貸 倒 引 当 金）	×××	**（貸倒引当金繰入）**	×××
（法人税等調整額）	×××	（繰 延 税 金 負 債）	×××

② 貸倒引当金が「期首＞期末」の場合 ◀**本問はこっち**

（貸倒引当金繰入）	×××	（貸 倒 引 当 金）	×××
（繰 延 税 金 負 債）	×××	**（法人税等調整額）**	×××

連結精算表の作成

解答

連 結 精 算 表 （単位：円）

科 目	個別財務諸表 P 社	S 社	合 計	修正消去仕訳 借 方	貸 方	連結財務諸表
（損 益 計 算 書）						
売 上 高	(472,400)	(170,000)	(642,400)	68,000		(574,400)
受 取 利 息	(1,200)	－	(1,200)	400		(800)
受 取 配 当 金	(5,300)	－	(5,300)	2,400		(2,900)
固 定 資 産 売 却 益	(30,000)	(5,000)	(35,000)	20,000 5,000		(10,000)
売 上 原 価	226,800	101,400	328,200	3,600	68,000 2,800	261,000
販 売 費	61,500	15,900	77,400			77,400
貸 倒 引 当 金 繰 入	2,600	800	3,400	600		4,000
一 般 管 理 費	104,600	33,200	137,800			137,800
減 価 償 却 費	9,000	7,500	16,500		900 450	15,150
の れ ん 償 却 額	－	－	－	496		496
支払利息・手形売却損	4,400	1,200	5,600		400	5,200
法 人 税 等	40,000	6,000	46,000			46,000
法 人 税 等 調 整 額	－	－	－	1,120	1,440 240 7,640 1,820	(10,020)
非支配株主に帰属する当期純利益	－	－	－	1,800 336	432 72 546	1,086
親会社株主に帰属する当期純利益	(60,000)	(9,000)	(69,000)	103,752	84,740	(49,988)
（株主資本等変動計算書）						
資 本 金 当 期 首 残 高	(240,000)	(80,000)	(320,000)	80,000		(240,000)
資 本 金 当 期 末 残 高	(240,000)	(80,000)	(320,000)	80,000		(240,000)
利益剰余金当期首残高	(153,800)	(26,600)	(180,400)	24,000 496 520 2,800 480 144	1,120 336 1,200	(154,616)
剰 余 金 の 配 当	18,000	3,000	21,000		3,000	18,000
親会社株主に帰属する当期純利益	(60,000)	(9,000)	(69,000)	103,752	84,740	(49,988)
利益剰余金当期末残高	(195,800)	(32,600)	(228,400)	132,192	90,396	(186,604)

非支配株主持分当期首残高	–	–	–	336 520 144	21,520	(21,848)
非支配株主持分当期変動額	–	–	–	600 432 72 546	1,800 336	(486)
非支配株主持分当期末残高	–	–	–		1,986	24,320	(22,334)

（貸 借 対 照 表）

				借方	貸方	連結
現 金 預 金	79,500	17,900	97,400			97,400
受 取 手 形	90,000	41,000	131,000		10,000	121,000
売 掛 金	90,000	49,000	139,000		20,000	119,000
貸 倒 引 当 金	(3,600)	(1,800)	(5,400)	1,200	600	(4,800)
有 価 証 券	25,600	–	25,600			25,600
商 品	37,200	15,800	53,000	4,000	3,600	53,400
短 期 貸 付 金	60,000	–	60,000		40,000	20,000
前 払 費 用	2,960	2,180	5,140			5,140
未 収 収 益	800	–	800		400	400
繰 延 税 金 資 産	–	–	–	1,440 7,640 1,820		10,900
建 物	100,000	80,000	180,000		20,000	160,000
建物減価償却累計額	(15,000)	(24,000)	(39,000)	900		(38,100)
備 品	40,000	30,000	70,000		5,000	65,000
備品減価償却累計額	(18,000)	(16,200)	(34,200)	450		(33,750)
土 地	24,800	16,000	40,800	6,000		46,800
の れ ん	–	–	–	9,920	496 496	8,928
S 社 株 式	96,000	–	96,000		96,000	0
資 産 合 計	610,260	209,880	820,140	33,370	196,592	656,918
支 払 手 形	(37,400)	(14,800)	(52,200)	20,000		(32,200)
買 掛 金	(34,860)	(14,600)	(49,460)	20,000	4,000	(33,460)
短 期 借 入 金	(60,000)	(60,000)	(120,000)	40,000	10,000	(90,000)
未 払 法 人 税 等	(40,000)	(6,000)	(46,000)			(46,000)
未 払 費 用	(2,200)	(1,880)	(4,080)	400		(3,680)
繰 延 税 金 負 債	–	–	–	240	480 2,400	(2,640)
資 本 金	(240,000)	(80,000)	(320,000)	80,000		(240,000) ←
利 益 剰 余 金	(195,800)	(32,600)	(228,400)	132,192	90,396	(186,604) ←
評 価 差 額	–	–	–	3,600	3,600	0
非 支 配 株 主 持 分	–	–	–	1,986	24,320	(22,334) ←
負債・純資産合計	(610,260)	(209,880)	(820,140)	298,418	135,196	(656,918)

解説

　連結会計の精算表作成問題です。資本連結や未実現損益の消去などの論点を幅広く網羅しています。わからない論点があれば、教科書や問題集の該当箇所に戻りましょう。

P社利益剰余金

[資料Ⅱ] 1.(4) 剰余金の配当　18,000円	（貸借差額） 利益剰余金　153,800円 当期首残高
当期B/S 　利益剰余金 195,800円 　当期末残高	当期P/L 　当期純利益　60,000円

S社利益剰余金

[資料Ⅱ] 1.(4) 剰余金の配当　3,000円	（貸借差額） 利益剰余金　26,600円 当期首残高
当期B/S 　利益剰余金 32,600円 　当期末残高	当期P/L 　当期純利益　9,000円

2　タイムテーブル

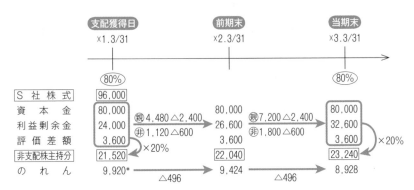

＊　のれん：96,000円 － 80,000円 － 24,000円 － 3,600円 ＋ 21,520円 ＝ 9,920円

3　連結修正仕訳

(1)　開始仕訳（×1年3月31日から×2年3月31まで）

①　支配獲得日の仕訳（×1年3月31日＝みなし取得日）

(a)　S社資産・負債の評価替え（全面時価評価法）

（土　　地）	6,000	（繰延税金負債）	2,400
		（評　価　差　額）	3,600

土地：22,000円 − 16,000円 = 6,000円

繰延税金負債：6,000円 × 40% = 2,400円

実効税率

評価差額：6,000円 × (100% − 40%) = 3,600円

実効税率

(b) 投資と資本の相殺消去

(資本金当期首残高)	80,000	（S 社 株 式）	96,000
(利益剰余金当期首残高)	24,000	(非支配株主持分当期首残高)	21,520
(評 価 差 額)	3,600		
(の れ ん)	9,920		

非支配株主持分当期首残高：(80,000円 + 24,000円 + 3,600円) × 20%

= 21,520円

② 前期の期中仕訳（×1年 4 月 1 日から×2年 3 月31日まで）

(a) のれんの償却

(利益剰余金当期首残高)	496	（の れ ん）	496

利益剰余金当期首残高：9,920円 ÷ 20年 = 496円

のれん償却額

(b) S 社増加剰余金の振替え

(利益剰余金当期首残高)	520	(非支配株主持分当期首残高)	520

利益剰余金当期首残高：1,120円 − 600円 = 520円

非支配株主に帰属する当期純損益

非支配株主持分当期首残高 (×1年度末)：21,520円 + 520円 = 22,040円

(2) **当期の期中仕訳（×2年 4 月 1 日から×3年 3 月31日まで）**

① のれんの当期償却

（の れ ん 償 却 額）	496	（の れ ん）	496

のれん償却額：9,920円 ÷ 20年 = 496円

② S 社当期純利益の振替え

(非支配株主に帰属する当期純損益)	1,800	(非支配株主持分当期変動額)	1,800

非支配株主持分当期変動額：9,000円 × 20% = 1,800円

③ S 社配当金の修正

（受 取 配 当 金）	2,400	（剰 余 金 の 配 当）	3,000
(非支配株主持分当期変動額)	600		

受取配当金：3,000円 × 80% = 2,400円

非支配株主持分当期変動額：3,000円 × 20% = 600円

④ 未達取引の整理

| （商　　　　品） | 4,000 | （買　掛　金） | 4,000 |

⑤ 売上高と売上原価の相殺消去

| （売　　上　　高） | 68,000 | （売　上　原　価） | 68,000 |

⑥ 未実現利益の消去（アップストリーム：全額消去・持分按分負担方式）

　(a) 期首商品に含まれる未実現利益

　　ⓐ 開始仕訳

（利益剰余金当期首残高）	2,800	（商　　　　品）	2,800
（繰 延 税 金 資 産）	1,120	（利益剰余金当期首残高）	1,120
（非支配株主持分当期首残高）	336	（利益剰余金当期首残高）	336

利益剰余金当期首残高：7,000円×40％＝2,800円
　　　　　　　　　　　売上原価　　　　売上利益率

利益剰余金当期首残高：2,800円×40％＝1,120円
　　　　　　　　　　法人税等調整額　　　　実効税率

非支配株主持分当期首残高：（2,800円－1,120円）×20％＝336円

　　ⓑ 実現仕訳

（商　　　　品）	2,800	（売　上　原　価）	2,800
（法人税等調整額）	1,120	（繰 延 税 金 資 産）	1,120
（非支配株主に帰属する当期純損益）	336	（非支配株主持分当期変動額）	336

　　ⓒ ⓐ＋ⓑ

（利益剰余金当期首残高）	2,800	（売　上　原　価）	2,800
（法人税等調整額）	1,120	（利益剰余金当期首残高）	1,120
（非支配株主持分当期首残高）	336	（利益剰余金当期首残高）	336
（非支配株主に帰属する当期純損益）	336	（非支配株主持分当期変動額）	336

　(b) 期末商品に含まれる未実現利益

（売　上　原　価）	3,600	（商　　　　品）	3,600
（繰 延 税 金 資 産）	1,440	（法人税等調整額）	1,440
（非支配株主持分当期変動額）	432	（非支配株主に帰属する当期純損益）	432

売上原価：（5,000円＋4,000円）×40％＝3,600円
　　　　　　　　　　未達分　　　売上利益率

繰延税金資産：3,600円×40％＝1,440円
　　　　　　　　　　　　実効税率

非支配株主持分当期変動額：（3,600円－1,440円）×20％＝432円

⑦ 受取手形・売掛金と支払手形・買掛金の相殺消去

（支 払 手 形）	20,000	（受 取 手 形）	10,000
		（短 期 借 入 金）	10,000
（買 掛 金）	20,000	（売 掛 金）	20,000

買掛金：16,000円＋4,000円＝20,000円
　　　　　　　　　 <u>未達分</u>

⑧ 前期貸倒引当金の修正

(a) 開始仕訳

（貸 倒 引 当 金）	1,200	（利益剰余金当期首残高）	1,200
（利益剰余金当期首残高）	480	（繰 延 税 金 負 債）	480
（利益剰余金当期首残高）	144	（非支配株主持分当期首残高）	144

繰延税金負債：1,200円×<u>40％</u>＝480円
　　　　　　　　　　 実効税率

非支配株主持分当期首残高：（1,200円－480円）×20％＝144円

⑨ 期末貸倒引当金の調整

（貸 倒 引 当 金 繰 入）	600	（貸 倒 引 当 金）	600
（繰 延 税 金 負 債）	240	（法 人 税 等 調 整 額）	240
（非支配株主持分当期変動額）	72	（非支配株主に帰属する当期純損益）	72

貸倒引当金：（10,000円＋20,000円）× 2 ％＝600円

繰延税金負債：600円×40％＝240円
　　　　　　　　 実効税率

非支配株主に帰属する当期純損益：（600円－240円）×20％＝72円
　　　　　　　　　　　　　　　　　　　　　　　　　 非支配株主持分割合

⑩ 貸付金と借入金の相殺消去

| （短 期 借 入 金） | 40,000 | （短 期 貸 付 金） | 40,000 |

⑪ 受取利息と支払利息の相殺消去

| （受 取 利 息） | 400 | （支払利息・手形売却損） | 400 |
| （未 払 費 用） | 400 | （未 収 収 益） | 400 |

受取利息：40,000円× 2 ％×$\dfrac{6か月}{12か月}$＝400円

⑫　建物売却益の修正（ダウンストリーム：全額消去・親会社負担方式）

（固定資産売却益）	20,000	（建　　　　　物）	20,000
（建物減価償却累計額）	900	（減 価 償 却 費）	900
（繰 延 税 金 資 産）	7,640	（法人税等調整額）	7,640

固定資産売却益：40,000円－20,000円＝20,000円

建物減価償却累計額：20,000円×0.9÷20年＝900円

繰延税金資産：（20,000円－900円）×40％＝7,640円
　　　　　　　　　　　　　　　実効税率

⑬　備品売却益の修正（アップストリーム：全額消去・持分按分負担方式）

（固定資産売却益）	5,000	（備　　　　　品）	5,000
（備品減価償却累計額）	450	（減 価 償 却 費）	450
（繰 延 税 金 資 産）	1,820	（法人税等調整額）	1,820
（非支配株主持分当期変動額）	546	（非支配株主に帰属する当期純損益）	546

固定資産売却益：15,000円－10,000円＝5,000円

備品減価償却累計額：5,000円×0.9÷10年＝450円

繰延税金資産：（5,000円－450円）×40％＝1,820円
　　　　　　　　　　　　　　実効税率

非支配株主持分当期変動額：（5,000円－450円－1,820円）×20％＝546円

4 連結財務諸表（参考）

連 結 貸 借 対 照 表

×3年３月31日　　　　　　　　　　　（単位：円）

資　　産	金　　額	負債・純資産	金　　額
現 金 預 金	97,400	支 払 手 形	32,200
受 取 手 形	121,000	買 掛 金	33,460
売 掛 金	119,000	短 期 借 入 金	90,000
貸 倒 引 当 金	△4,800	未 払 法 人 税 等	46,000
有 価 証 券	25,600	未 払 費 用	3,680
商 品	53,400	資 本 金	240,000
短 期 貸 付 金	20,000	利 益 剰 余 金	186,604
前 払 費 用	5,140	非 支 配 株 主 持 分	22,334
未 収 収 益	400		
建 物	160,000		
建物減価償却累計額	△38,100		
備 品	65,000		
備品減価償却累計額	△33,750		
土 地	46,800		
繰 延 税 金 資 産	8,260		
の れ ん	8,928		
	654,278		654,278

連 結 損 益 計 算 書
自×2年4月1日　至×3年3月31日　　　　　（単位：円）

借 方 科 目	金 額	貸 方 科 目	金 額
売 上 原 価	261,000	売 上 高	574,400
販 売 費	77,400	受 取 利 息	800
貸倒引当金繰入	4,000	受 取 配 当 金	2,900
一 般 管 理 費	137,800	固 定 資 産 売 却 益	10,000
減 価 償 却 費	15,150	法 人 税 等 調 整 額	10,020
の れ ん 償 却 額	496		
支払利息・手形売却損	5,200		
法 人 税 等	46,000		
非支配株主に帰属する当期純利益	1,086		
親会社株主に帰属する当期純利益	49,988		
	598,120		598,120

連結株主資本等変動計算書
自×2年4月1日　至×3年3月31日　　　　　（単位：円）

	株 主 資 本		非支配株主持分
	資 本 金	利益剰余金	
当期首残高	240,000	154,616	21,848
当期変動額			
剰余金の配当		△ 18,000	
親会社株主に帰属する 　当期純利益		49,988	
株主資本以外の項目の 　当期変動額（純額）			486
当期末残高	240,000	186,604	22,334

（注）　繰延税金資産と繰延税金負債の相殺

P社：繰延税金資産…7,640円（建物売却益の修正から生ずるもの）

繰延税金負債…0円

S社：繰延税金資産…1,440円（商品から生ずるもの）

+1,820円（備品売却益の修正から生ずるもの）＝3,260円

繰延税金負債…240円（貸倒引当金から生ずるもの）

+2,400円（土地評価差額から生ずるもの）＝2,640円

相　　　殺…3,260円−2,640円＝620円

連結：繰延税金資産…7,640円（P社）＋620円（S社）＝8,260円

この問題のポイントはこれ!!

▶ **連結精算表の作成手順を理解しているか？**
- **連結P/L→連結S/S→連結B/S**の順に集計を行う。
- 連結S/Sの親会社株主に帰属する当期純利益は連結P/Lから書き写す。
- 連結B/Sの純資産の部は連結S/Sの期末残高から書き写す。

理論問題

解答

ア	イ	ウ
相殺消去	借入金	未実現損益

エ	オ
非支配株主持分	相殺

解説

連結会計に関する用語について問う問題です。

1．連結会社相互間における商品の売買その他の取引に係る項目は、（ **相殺消去** ）する。

2．連結会社相互間の債権と債務は、（ **相殺消去** ）する。ただし、連結会社が振り出した手形を他の連結会社が銀行割引した場合には、連結貸借対照表上、これを（ **借入金** ）に振り替える。

3．連結会社相互間の取引によって取得した棚卸資産、固定資産その他の資産に含まれる（ **未実現損益** ）は、その全額を消去する。売手側の子会社に非支配株主が存在する場合には、（ **未実現損益** ）は、親会社と非支配株主 の持分比率に応じて、親会社の持分と（ **非支配株主持分** ）に配分する。

4．連結財務諸表において、同一納税主体の繰延税金資産と繰延税金負債は、双方を（ **相殺** ）して表示する。異なる納税主体の繰延税金資産と繰延税金負債は、双方を（ **相殺** ）せずに表示する。

CHAPTER 06-❶／5問　　　　　　　　　　　　持分法①

(解答)

問1　修正仕訳　　　　　　　　　　　　　　　　　　　（単位：円）

借 方 科 目	金　　額	貸 方 科 目	金　　額
A 社 株 式	4,575	利益剰余金当期首残高	4,575
持分法による投資損益	225	A 社 株 式	225
A 社 株 式	9,000	持分法による投資損益	9,000
受 取 配 当 金	3,300	A 社 株 式	3,300

問2

連結貸借対照表のA社株式	71,250 円

(解説)

　本問は持分法に関する基本的な問題です。持分法における当期純利益や配当の処理を確認してください。

1　タイムテーブル

　連結会計と同じように、持分法でもタイムテーブルを用いて解きます。ただし、連結と異なり、「非支配株主持分」は出てきません。

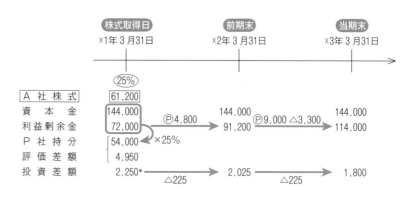

* 投資差額：61,200円 − 54,000円 − 4,950円 = 2,250円

2 株式取得時の投資差額

持分法では、投資と資本の差額を「投資差額」として計算します。

評価差額：(435,000円 − 402,000円) × 25% × (100% − 40%) = 4,950円

投資差額：61,200円 − {(144,000円 + 72,000円) × 25% + 4,950円}
= 2,250円（借方）

3 修正仕訳

(1) 開始仕訳

連結と同じように、開始仕訳を行います。

① 投資差額の償却（前期分）

（利益剰余金当期首残高）	225	（Ａ 社 株 式）	225

利益剰余金当期首残高：2,250円 ÷ 10年 = 225円

② 増加利益剰余金の振替え（前期分）

（Ａ 社 株 式）	4,800	（利益剰余金当期首残高）	4,800

利益剰余金当期首残高：(91,200円 − 72,000円) × 25% = 4,800円

③ 仕訳の合算

　　内訳が複雑な連結の開始仕訳と異なり、持分法ではＡ社株式が増減するだけなので、通常は①と②の仕訳をまとめたものを開始仕訳とします。

（Ａ 社 株 式）	4,575	（利益剰余金当期首残高）	4,575

(2) **投資差額の償却（当期分）**

（持分法による投資損益）	225	（Ａ　社　株　式）	225

持分法による投資損益：2,250円÷10年＝225円

(3) **当期純利益の計上（当期分）**

（Ａ　社　株　式）	9,000	（持分法による投資損益）	9,000

持分法による投資損益：36,000円×25％＝9,000円

(4) **受取配当金の修正（当期分）**

（受　取　配　当　金）	3,300	（Ａ　社　株　式）	3,300

受取配当金：13,200円×25％＝3,300円

4　連結貸借対照表上のＡ社株式

　取得原価に修正仕訳で行った増減を加味して、連結貸借対照表上のＡ社株式を計算します。

Ａ　社　株　式

取得原価 61,200円	投資差額の償却 225円
	受取配当金の修正 3,300円
開始仕訳 4,575円	連結貸借対照表 71,250円
当期純利益の計上 9,000円	

この問題のポイントはこれ!!

▶　**持分法の基本的な処理を理解しているか？**

⇒被投資会社の財務諸表との**合算はしない**

Step1　**部分時価評価法**による投資対象の資産・負債の時価評価

Step2　投資差額の算定

Step3　開始仕訳

Step4　投資差額の償却

Step5　当期純損益の計上

Step6　受取配当金の修正

【解答】

問1　連結財務諸表作成のために必要な修正仕訳　　　　　（単位：円）

借　方　科　目	金　　額	貸　方　科　目	金　　額
A　社　株　式	11,232	利益剰余金当期首残高	3,216
受　取　配　当　金	9,600	持分法による投資損益	17,616

（問1、別解）　　　　　　　　　　　　　　　　　　　（単位：円）

借　方　科　目	金　　額	貸　方　科　目	金　　額
利益剰余金当期首残高	1,584	A　社　株　式	1,584
A　社　株　式	4,800	利益剰余金当期首残高	4,800
持分法による投資損益	1,584	A　社　株　式	1,584
A　社　株　式	19,200	持分法による投資損益	19,200
受　取　配　当　金	9,600	A　社　株　式	9,600

問2　連結貸借対照表に記載される金額

A　社　株　式	119,232 円

問3　連結損益計算書に記載される金額

持分法による投資損益	（益）	17,616 円

解説

　本問は配当金と投資差額の処理に関する問題です。基本的な問題なので、理解できるまで何度も解いてください。

1 タイムテーブル

　連結会計と同じように、持分法でもタイムテーブルを用いて解きます。ただし、連結と異なり、「非支配株主持分」は出てきません。

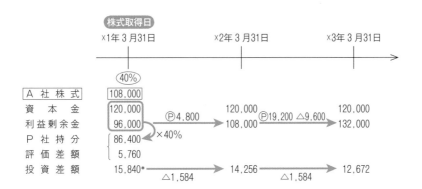

　　＊　投資差額：108,000円 − 86,400円 − 5,760円 = 15,840円

2 株式取得時の投資差額

　株式取得時は、修正仕訳は必要ありません。

　また、持分法では、投資と資本の差額を「投資差額」として計算します。

　　評価差額：24,000円 × 40% × (100% − 40%) = 5,760円

　　投資差額：108,000円 − {(120,000円 + 96,000円) × 40% + 5,760円}

　　　　　　 = 15,840円（借方）

3 修正仕訳

(1)　x2年3月31日分の修正仕訳

　①　投資差額の償却

(利益剰余金当期首残高)	1,584	(A 社 株 式)	1,584

　利益剰余金当期首残高：15,840円 ÷ 10年 = 1,584円

② 増加利益剰余金の振替え

（Ａ　社　株　式）	4,800	（利益剰余金当期首残高）	4,800

利益剰余金当期首残高：（108,000円－96,000円）×40％＝4,800円

(2) x3年3月31日の修正仕訳

①　投資差額の償却

（持分法による投資損益）	1,584	（Ａ　社　株　式）	1,584

持分法による投資損益：15,840円÷10年＝1,584円

②　A社当期純利益の計上

（Ａ　社　株　式）	19,200	（持分法による投資損益）	19,200

持分法による投資損益：48,000円×40％＝19,200円

③　A社配当金の修正

（受　取　配　当　金）	9,600	（Ａ　社　株　式）	9,600

受取配当金：24,000円×40％＝9,600円

なお、利益準備金は連結上、利益剰余金として表示されるため調整は不要となります。

(3)＝(1)＋(2)

（Ａ　社　株　式）	11,232	（利益剰余金当期首残高）	3,216
（受　取　配　当　金）	9,600	（持分法による投資損益）	17,616

4 A社株式残高と持分法による投資損益

Ａ　社　株　式

取得原価 108,000円	投資差額の償却 1,584円
	投資差額の償却 1,584円
	受取配当金の修正 9,600円
	連結貸借対照表 119,232円
増加利益剰余金の振替え 4,800円	
当期純利益の計上 19,200円	

持分法による投資損益

| 投資差額の償却 1,584円 | 当期純利益の計上 19,200円 |
| 連結損益計算書 17,616円 | |

この問題のポイントはこれ!!

▶ **持分法の基本的な処理を理解しているか?**

⇒被投資会社の財務諸表との**合算はしない**

Step1 **部分時価評価法**による投資対象の資産・負債の時価評価

Step2 投資差額の算定

Step3 開始仕訳

Step4 投資差額の償却

Step5 当期純損益の計上

Step6 受取配当金の修正

CH
06

持分法

解答

（単位：円）

借 方 科 目	金 額	貸 方 科 目	金 額
A 社 株 式 売 却 益	1,600	A 　 社 　 株 　 式	4,208
A 社 株 式 売 却 損	2,608		

解説

　本問は持分法適用株式の売却に関する基本的な問題です。連結会計の株式の売却
と同じように、個別会計上の仕訳を連結上のあるべき仕訳に修正するために、どの
ような仕訳が必要なのかを考えます。

1　タイムテーブル

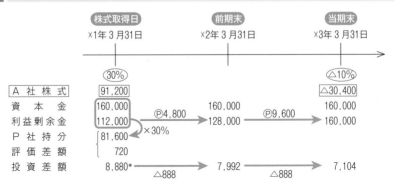

　＊　投資差額：91,200円－81,600円－720円＝8,880円

2　株式取得時の投資差額

　持分法では、投資と資本の差額を「投資差額」として計算します。

　　評価差額：4,000円×30％×（100％－40％）＝720円

　　投資差額：91,200円－｛（160,000円＋112,000円）×30％＋720円｝＝8,880円（借方）

3 **修正仕訳**

(1) **開始仕訳**

連結と同じように、開始仕訳を行います。

① 投資差額の償却（前期分）

（利益剰余金当期首残高）	888	（A 社 株 式）	888

利益剰余金当期首残高：8,880円÷10年＝888円

② 増加利益剰余金の振替え（前期分）

（A 社 株 式）	4,800	（利益剰余金当期首残高）	4,800

利益剰余金当期首残高：（128,000円－112,000円）×30％＝4,800円

③ 仕訳の合算

開始仕訳の内訳が複雑な連結の開始仕訳と異なり、持分法ではA社株式が増減するだけなので、通常は①と②の仕訳をまとめたものを開始仕訳とします。

（A 社 株 式）	3,912	（利益剰余金当期首残高）	3,912

(2) **投資差額の償却（当期分）**

（持分法による投資損益）	888	（A 社 株 式）	888

持分法による投資損益：8,880円÷10年＝888円

(3) **当期純利益の計上（当期分）**

（A 社 株 式）	9,600	（持分法による投資損益）	9,600

持分法による投資損益：（160,000円－128,000円）×30％＝9,600円

A 社 株 式

4 **株式の売却に関する修正仕訳**

　連結会計の株式の売却と同様に、個別会計上の仕訳を連結上のあるべき仕訳にするための、修正仕訳をします。

(1)　個別会計上の仕訳

(現　　　　　金)	32,000	(A　社　株　式)	30,400
		(A社株式売却益)	1,600

　A社株式（個別上の売却簿価）：$91,200円 \times \dfrac{10\%}{30\%} = 30,400円$

(2)　連結上のあるべき仕訳

(現　　　　　金)	32,000	(A　社　株　式)	34,608
(A社株式売却損)	2,608		

　A社株式（持分法上の売却簿価）：$103,824円 \times \dfrac{10\%}{30\%} = 34,608円$

(3)　修正仕訳

　個別上の仕訳を連結上のあるべき仕訳に修正するための仕訳をします。

(A社株式売却益)	1,600	(A　社　株　式)	4,208
(A社株式売却損)	2,608		

この問題のポイントはこれ!!

▶　**持分法における株式の一部売却に関する売却損益の修正仕訳を理解しているか？**

・持分法上の売却簿価

　　　　↕　差額：売却損益の修正

・個別上の売却簿価

持分法④

解答

問1 （単位：円）

借　方　科　目	金　　額	貸　方　科　目	金　　額
持分法による投資損益	8,000	商　　　　　品	8,000
Ａ　社　株　式	3,200	持分法による投資損益	3,200

問2 （単位：円）

借　方　科　目	金　　額	貸　方　科　目	金　　額
売　　上　　高	8,000	Ｂ　社　株　式	8,000
繰　延　税　金　資　産	3,200	法　人　税　等　調　整　額	3,200

問3 （単位：円）

借　方　科　目	金　　額	貸　方　科　目	金　　額
売　　上　　高	20,000	Ｃ　社　株　式	20,000
繰　延　税　金　資　産	8,000	法　人　税　等　調　整　額	8,000

解説

　本問は、持分法における未実現利益の消去に関する仕訳問題です。ダウンストリームとアップストリームの両方が問われているので、本問で両者の違いを確認してください。

1 関連会社からのアップストリーム

　問1の取引は、関連会社Ａ社から投資会社Ｐ社へのアップストリームです。アップストリームであるため、未実現利益のうち投資会社の持分に対応する金額を消去します。

商　　品（P社）

売価　100,000円 ┤ 原価　80,000円 ／ 未実現利益　20,000円

未実現利益：100,000円－80,000円＝20,000円

| （持分法による投資損益） | 8,000 | （商　　　品） | 8,000 |
| （A 社 株 式） | 3,200 | （持分法による投資損益） | 3,200 |

商品（P社の持分に対応する未実現利益）：20,000円×40％＝8,000円
　　　　　　　　　　　　　　　　　　　　　　　投資割合

A社株式（税効果会計の適用分）：8,000円×40％＝3,200円
　　　　　　　　　　　　　　　　　　　実効税率

また、次のように「商品」勘定の代わりに「A社株式」勘定（投資勘定）を用いることも容認されています。

| （持分法による投資損益） | 8,000 | （A 社 株 式） | 8,000 |
| （A 社 株 式） | 3,200 | （持分法による投資損益） | 3,200 |

2 関連会社に対するダウンストリーム

　問2の取引は、投資会社P社から関連会社B社に対するダウンストリームです。関連会社に対するダウンストリームであるため、未実現利益のうち投資会社の持分に対応する金額を消去します。

売　上　高（P社）

売上高　100,000円 ┤ 原価　80,000円 ／ 未実現利益　20,000円

未実現利益：100,000円－80,000円＝20,000円

| （売　　上　　高） | 8,000 | （B 社 株 式） | 8,000 |
| （繰 延 税 金 資 産） | 3,200 | （法人税等調整額） | 3,200 |

売上高（P社の持分に対応する未実現利益）：20,000円×40％＝8,000円
　　　　　　　　　　　　　　　　　　　　　　投資割合

法人税等調整額（税効果会計の適用分）：8,000円×40％＝3,200円
　　　　　　　　　　　　　　　　　　　　　　　実効税率

また、次のように「売上高」勘定の代わりに「持分法による投資損益」勘定を用いることも容認されています。

| （持分法による投資損益） | 8,000 | （Ｂ　社　株　式） | 8,000 |
| （繰 延 税 金 資 産） | 3,200 | （法人税等調整額） | 3,200 |

　問3の取引は、投資会社Ｐ社から非連結子会社Ｃ社に対するダウンストリームです。非連結子会社に対するダウンストリームであるため、未実現利益の全額を消去します。

売　上　高（Ｐ社）

売上高		原価
	100,000円	80,000円
		未実現利益
		20,000円

未実現利益：100,000円－80,000円＝20,000円

| （売　　上　　高） | 20,000 | （Ｃ　社　株　式） | 20,000 |
| （繰 延 税 金 資 産） | 8,000 | （法人税等調整額） | 8,000 |

売上高：20,000円
　　　　未実現利益の全額消去

法人税等調整額（税効果会計の適用分）：20,000円×40％＝8,000円
　　　　　　　　　　　　　　　　　　　　　　　実効税率

また、次のように「売上高」勘定の代わりに「持分法による投資損益」勘定を用いることも容認されています。

| （持分法による投資損益） | 20,000 | （Ｃ　社　株　式） | 20,000 |
| （繰 延 税 金 資 産） | 8,000 | （法人税等調整額） | 8,000 |

CH
06

持
分
法

日商1級　商業簿記・会計学3　解答解説　155

① **持分法における未実現損益の消去額を理解しているか?**

・ダウンストリーム：**(関連会社)** 未実現損益のうち**持分相当額**

（**非連結子会社**）未実現損益の**全額**

・アップストリーム：未実現損益のうち**持分相当額**

② **被投資会社の資産や損益に係る勘定科目を適切に使えているか?**

・被投資会社に係る商品、繰延税金資産などの資産勘定

　⇒投資勘定（○○株式など）

・売上高、法人税等調整額などの損益勘定

　⇒持分法による投資損益

解答

ア	イ	ウ
持分法	非連結子会社	関連会社

エ
持分法による投資損益

※　イとウの解答は順不同とする。

解説

　持分法に関する用語について問う問題です。

1．投資会社が被投資会社の資本および損益のうち投資会社に帰属する部分の変動に応じて、その投資の額を連結決算日ごとに修正する方法を（**持分法**）という。
2．（**非連結子会社**）および（**関連会社**）に対する投資については、原則として（**持分法**）を適用する。ただし、（**持分法**）の適用により、連結財務諸表に重要な影響を与えない場合には、（**持分法**）の適用会社としないことができる。
3．連結財務諸表上、（**持分法による投資損益**）は、営業外収益または営業外費用の区分に一括して表示する。

解答

損　益　計　算　書
自×3年4月1日　至×4年3月31日　　（単位：円）

Ⅰ　売　上　高　　　　　　　　　　　　（　281,900　）
Ⅱ　売　上　原　価
　1．期首商品棚卸高　　　（　　14,000　）
　2．当期商品仕入高　　　（　165,420　）
　　　　合　　　計　　　　（　179,420　）
　3．期末商品棚卸高　　　（　　11,900　）　（　167,520　）
　　　　売　上　総　利　益　　　　　　　（　114,380　）
Ⅲ　販売費及び一般管理費
　1．広　　告　　費　　　　　　　　　　（　10,000　）
　　　　営　業　利　益　　　　　　　　　（　104,380　）
Ⅳ　営　業　外　収　益
　1．受　取　利　息　　　　　　　　　　（　1,305　）
Ⅴ　営　業　外　費　用
　1．支　払　利　息　　　（　　6,000　）
　2．為　替　差　損　　　（　　7,825　）　（　13,825　）
　　　　経　常　利　益　　　　　　　　　（　91,860　）

貸　借　対　照　表
×4年3月31日　　　　　　（単位：円）

現 金 預 金	（　23,065)	買 　掛 　金	（　50,200)
売 　掛 　金	（　88,250)	未 払 利 息	（　3,000)
商 　　　 品	（　11,900)	前 受 利 息	（　1,305)
長 期 貸 付 金	（　90,000)	長 期 借 入 金	（　120,000)

本問は決算時の外貨換算と、外貨建取引の換算に関する問題です。

1 期中未処理事項

(1) 輸入取引

① ×3年5月15日

買掛金は前期末CRで換算し、現金預金は支払日の為替相場である1ドル112円で換算します。

(買 掛 金)	16,500	(現 金 預 金)	16,800
(為 替 差 損 益)	300		

買掛金：150ドル×@110円＝16,500円

現金預金：150ドル×@112円＝16,800円

為替差損益：貸借差額 300円

② ×3年11月20日

手付金を支払った日の為替相場である1ドル113円で換算します。

(前 払 金)	4,520	(現 金 預 金)	4,520

前払金：40ドル×@113円＝4,520円

③ ×3年12月1日

前払金以外の買掛金は発生した日の為替相場である1ドル115円で換算します。

(仕 入)	22,920	(前 払 金)	4,520
		(買 掛 金)	18,400

買掛金：(200ドル−40ドル)×@115円＝18,400円

仕入：4,520円＋18,400円＝22,920円
　　　前払金　　買掛金

P/L 当期商品仕入高：142,500円＋22,920円＝165,420円

(2) 輸出取引

① ×4年1月3日

売掛金が発生した日の為替相場である1ドル116円で換算します。

(売 掛 金)	34,800	(売 上)	34,800

売掛金：300ドル×@116円＝34,800円

売上高：247,100円＋34,800円＝281,900円

② ×4年2月4日

決済で受け取る現金預金は、決済日の為替相場である1ドル117円で換算し、売掛金との差額を為替差損益として処理します。

(現 金 預 金)	8,775	(売 掛 金)	8,700
		(為 替 差 損 益)	75

現金預金：75ドル×@117円＝8,775円

売掛金：75ドル×@116円＝8,700円

為替差損益：8,775円－8,700円＝75円
　　　　　　　現金預金　　売掛金

2 決算整理仕訳等

(1) 商品売買等

① 売上原価の算定

(仕 入)	14,000	(繰 越 商 品)	14,000
(繰 越 商 品)	11,900	(仕 入)	11,900

B/S 商品（繰越商品）：100ドル×@119円＝11,900円

② 買掛金の換算

買掛金を当期CRに換算し、差額を為替差損益として処理します。

(為 替 差 損 益)	800	(買 掛 金)	800

為替差損益：（200ドル－40ドル）×（@120円－@115円）＝800円

B/S 買掛金：47,500円－16,500円＋18,400円＋800円＝50,200円

③ 売掛金の換算

売掛金を当期CRで換算し、差額を為替差損益として処理します。

(売 掛 金)	900	(為 替 差 損 益)	900

為替差損益：（300ドル－75ドル）×（@120円－@116円）＝900円

B/S 売掛金：61,250円＋34,800円－8,700円＋900円＝88,250円

(2) 貸付金

① ×3年10月1日（貸付日、利払日）

長期貸付金を貸付日の為替相場で換算し、前受けする利息を受け取った日の為替相場で換算します。

| （長 期 貸 付 金） | 87,000 | （現 金 預 金） | 87,000 |
| （現 金 預 金） | 2,610 | （受 取 利 息） | 2,610 |

長期貸付金：750ドル×@116円＝87,000円

受取利息：750ドル×3％×@116円＝2,610円

B/S 現金預金：120,000円－16,800円－4,520円＋8,775円－87,000円＋2,610円
＝23,065円

② ×4年3月31日（当期決算整理）

　長期貸付金を当期CRで換算し、差額を為替差損益として処理します。また、受取利息のうち翌期以降の収益とすべきものについて前受利息として処理します。

| （長 期 貸 付 金） | 3,000 | （為 替 差 損 益） | 3,000 |
| （受 取 利 息） | 1,305 | （前 受 利 息） | 1,305 |

長期貸付金：750ドル×（@120円－@116円）＝3,000円

B/S 前受利息：$2,610円 \times \dfrac{6か月（×4年4月～×4年9月）}{12か月} = 1,305円$

P/L 受取利息：2,610円－1,305円＝1,305円

B/S 長期貸付金：750ドル×@120円＝90,000円

(3) 借入金

① ×2年10月1日（借入日）

　長期借入金を借入日の為替相場で換算します。

| （現 金 預 金） | 105,000 | （長 期 借 入 金） | 105,000 |

長期借入金：1,000ドル×@105円＝105,000円

② ×3年3月31日（前期決算整理）

　長期借入金を前期CRで換算し、差額を為替差損益として処理しています。また、支払利息のうち前期に費用計上すべきものについて前期CRで換算し未払利息として処理しています。

| （為 替 差 損 益） | 5,000 | （長 期 借 入 金） | 5,000 |
| （支 払 利 息） | 2,750 | （未 払 利 息） | 2,750 |

為替差損益：1,000ドル×（@110円－@105円）＝5,000円

未払利息：$1,000ドル×5％×\dfrac{6か月（×2年10月～×3年3月）}{12か月}×@110円＝2,750円$

前T/B 長期借入金：105,000円＋5,000円＝110,000円

③ ×3年4月1日（期首の再振替仕訳）

| （未 払 利 息） | 2,750 | （支 払 利 息） | 2,750 |

④ ×3年9月30日（利払日）

利払日の為替相場で支払利息を処理します。

| （支 払 利 息） | 5,750 | （現 金 預 金） | 5,750 |

支払利息：1,000ドル×5％×@115円＝5,750円

前T/B 支払利息：5,750円－2,750円＝3,000円

⑤ ×4年3月31日（当期決算整理）

　　長期借入金を当期CRで換算し、差額を為替差損益として処理します。また、支払利息のうち当期に費用計上すべきものについて当期CRで換算し未払利息として処理します。

| （為 替 差 損 益） | 10,000 | （長 期 借 入 金） | 10,000 |
| （支 払 利 息） | 3,000 | （未 払 利 息） | 3,000 |

為替差損益：1,000ドル×（@120円－@110円）＝10,000円

B/S 未払利息：$1{,}000ドル \times 5\% \times \dfrac{6か月（×3年10月〜×4年3月）}{12か月} \times @120円 = 3{,}000円$

P/L 支払利息：$\underset{前T/B}{3{,}000円} + 3{,}000円 = 6{,}000円$

B/S 長期借入金：1,000ドル×@120円＝120,000円

P/L 為替差損：700円＋300円－75円＋800円－900円－3,000円＋10,000円
　　　　　　　＝7,825円（借方）

▶ **決算時に換算替えを行う項目と行わない項目を理解しているか？**

・まちがえやすいもの
　⇒未収収益、未払費用：**決算時**レート
　⇒前受収益、前払費用：**発生時**レート

外貨換算会計②

解答

損　益　計　算　書
自×3年4月1日　至×4年3月31日
(単位：円)

⋮

Ⅳ　営 業 外 収 益
　　有 価 証 券 利 息　　　　（　　7,515　）
　　有 価 証 券 売 却 益　　　（　　4,044　）
　　為　替　差　益　　　　　（　　4,110　）

⋮

Ⅶ　特　別　損　失
　　関係会社株式評価損　　　（　103,200　）

貸　借　対　照　表
×4年3月31日　　　　　　　(単位：円)

未 収 収 益	（　2,160）	長 期 前 受 収 益	（　20,550）
投 資 有 価 証 券	（　255,600）	その他有価証券評価差額金	（　8,460）
関 係 会 社 株 式	（　136,800）		

解説

　本問は外貨建有価証券に関する問題です。満期保有目的の債券に対して為替予約を付していますが、外貨建金銭債権債務の時の振当処理と基本的に同じです。

1 ［資料Ⅰ］の空欄推定

　投資有価証券：$\underset{\text{B社社債（為替予約）}}{1,200ドル×@126円}+\underset{\text{D社社債}}{855ドル×@111円}=246,105円$

　長期前受収益：$\underset{\text{B社社債（為替予約）}}{1,200ドル×@126円}-\underset{\text{B社社債（取得原価）}}{1,110ドル×@114円}=24,660円$

　有価証券売却損益：4,044円（後述）

(1) **売買目的有価証券（A社株式、処理済み）**

本問では、切放方式を採用しているため、前期末時価が売却時の帳簿価額になっています。

| （現 金 預 金） | 152,544 | （有 価 証 券） | 148,500 |
| | | （有価証券売却損益） | 4,044 |

有価証券：1,350ドル×@110円＝148,500円

現金預金（売却価額）：1,362ドル×@112円＝152,544円

前T/B ＆ P/L 有価証券売却損益：152,544円 － 148,500円 ＝4,044円（売却益）
　　　　　　　　　　　　　　　　売却価額　　前期末時価

(2) **満期保有目的の債券（B社社債）**

① ×3年10月1日（取得日＝予約日、処理済み）

投資有価証券は為替予約の為替相場で計算し、支払った現金預金との差額は長期前受収益として処理します。

| （投 資 有 価 証 券） | 151,200 | （現 金 預 金） | 126,540 |
| | | （長 期 前 受 収 益） | 24,660 |

投資有価証券：1,200ドル×@126円＝151,200円

現金預金：1,110ドル×@114円＝126,540円

長期前受収益：151,200円－126,540円＝24,660円

② 決算整理

| （長 期 前 受 収 益） | 4,110 | （為 替 差 損 益） | 4,110 |
| （未 収 収 益） | 2,160 | （有 価 証 券 利 息） | 2,160 |

P/L 為替差益：$24,660円 \times \dfrac{6か月（×3年10月〜×4年3月）}{36か月（×3年10月〜×6年9月）} = 4,110円$

B/S 長期前受収益：24,660円 － 4,110円 ＝20,550円

B/S 未収収益：$1,200ドル \times 3\% \times \dfrac{6か月（×3年10月〜×4年3月）}{12か月} \times @120円 = 2,160円$

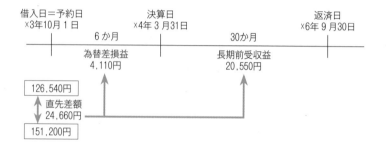

(3) 関係会社株式（C社株式）

外貨建関係会社株式の時価の著しい下落の判断は、外貨ベースで行います。

減損の判定：2,400ドル×50％＝1,200ドル＞1,140ドル→著しい下落

（関係会社株式評価損）	103,200	（関係会社株式）	103,200

P/L 関係会社株式評価損：2,400ドル×@100円－1,140ドル×@120円＝103,200円

B/S 関係会社株式：1,140ドル×@120円＝136,800円

(4) その他有価証券（D社社債）

売買目的を除く外貨建債券は当期償却額を当期のARで計算します。また、その他有価証券はその後時価評価を行います。

（投資有価証券）	1,035	（有価証券利息）	1,035
（投資有価証券）	8,460	（その他有価証券評価差額金）	8,460

当期償却額：$(900 ドル - 855 ドル) \times \dfrac{12 か月 (×3 年 4 月〜×4 年 3 月)}{60 か月 (×3 年 4 月〜×8 年 3 月)} = 9$ ドル

有価証券利息（償却額）： 9 ドル × @115円 = 1,035円

| B/S | その他有価証券評価差額金：870ドル × @120円 − (855ドル × @111円 + 1,035円)

　　　　　　　　　　　　　　= 8,460円

| P/L | 有価証券利息：4,320円 + 2,160円 + 1,035円 = 7,515円

| B/S | 投資有価証券：246,105円 + 1,035円 + 8,460円 = 255,600円

この問題のポイントはこれ!!

① **満期保有目的債券における為替予約の振当処理を理解しているか？**

・前受収益（前払費用）＝額面金額 × 予約レート − 取得原価 × 発生時レート

⇒期間按分し、当期分については為替差損益に振替え。

② **外貨建有価証券の時価の著しい下落の判断について理解しているか？**

・外貨建有価証券の時価の著しい下落の判断は**外貨ベース**で行う

⇒**円換算後**ではない点に注意。

③ **外貨建その他有価証券の原則処理を理解しているか？（全部純資産直入法の場合）**

・貸借対照表価額：**外貨による時価** × 決算時レート

・取得原価or償却原価と貸借対照表価額の差額

　　　　　┗➤ 取得原価 + 償却額

　　　　　　　┗➤ 外貨建償却額 × 期中平均レート

⇒**その他有価証券評価差額金**

外貨換算会計③

解答

貸 借 対 照 表
×4年3月31日　　　　　　　　　　　（単位：円）

資　　産	金　　額	負債・純資産	金　　額
現 金 預 金	270,400	短 期 借 入 金	112,500
売　　掛　　金	294,800	前 受 収 益	2,000
前 払 費 用	5,600	未 払 費 用	2,700
長 期 前 払 費 用	10,200	長 期 借 入 金	151,200

損 益 計 算 書
自×3年4月1日　至×4年3月31日　　　（単位：円）

借 方 科 目	金　　額	貸 方 科 目	金　　額
支 払 利 息	2,700	売　　　上　　　高	590,600
為 替 差 損	2,800		

解説

　本問は為替予約に関する問題です。為替予約の会計処理には、独立処理（原則）と振当処理（容認）がありますが、1級では主に振当処理が出題されるため、本問では振当処理を扱っています。

1 商品

(1) 期中未処理事項

① ×4年2月1日（取引日および予約日）

　　［資料Ⅲ］1．に従い、為替予約相場によって円換算します。

（売 　掛　 金）	121,000	（売 　　　　上）	121,000

　売掛金：1,000ドル×@121円＝121,000円

② ×4年2月10日（取引日）

　　直物為替相場によって円換算します。

（売 　掛　 金）	69,600	（売 　　　　上）	69,600

　売掛金：600ドル×@116円＝69,600円

③ ×4年3月1日（②の予約日）

取引日と予約日の直物為替相場の差額を為替差損益（直直差額）として処理し、予約日の直物為替相場と先物為替相場の差額を前受収益（直先差額）として処理します。

（売　　掛　　金）	4,200	（為 替 差 損 益）	1,200
		（前　受　収　益）	3,000

売掛金：600ドル×（@123円－@116円）＝4,200円

為替差損益：600ドル×（@118円－@116円）＝1,200円

前受収益：600ドル×（@123円－@118円）＝3,000円

B/S 売掛金：100,000円＋121,000円＋69,600円＋4,200円＝294,800円

P/L 売上高：400,000円＋121,000円＋69,600円＝590,600円

(2) **決算整理仕訳**

直先差額のうち、当期に配分する額を為替差損益に振り替えます。

（前　受　収　益）	1,000	（為 替 差 損 益）	1,000

為替差損益：$3,000円 \times \dfrac{1\,か月\,(\text{×4年3月})}{3\,か月\,(\text{×4年3月〜×4年5月})} = 1,000円$

B/S 前受収益：3,000円－1,000円＝2,000円

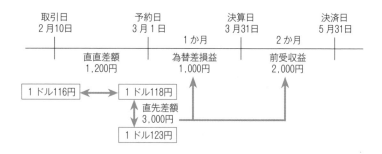

168

2 短期借入金

(1) 期中未処理事項

① ×3年12月1日（取引日、処理済み）

（現 金 預 金）	103,500	（短 期 借 入 金）	103,500

短期借入金：900ドル×@115円＝103,500円

② ×4年3月1日（予約日）

取引日と予約日の直物為替相場の差額を為替差損益（直直差額）として処理し、予約日の直物為替相場と先物為替相場の差額を前払費用（直先差額）として処理します。

（為 替 差 損 益）	2,700	（短 期 借 入 金）	9,000
（前 払 費 用）	6,300		

短期借入金：900ドル×（@125円－@115円）＝9,000円

為替差損益：900ドル×（@118円－@115円）＝2,700円

前払費用：900ドル×（@125円－@118円）＝6,300円

B/S 短期借入金：103,500円＋9,000円＝112,500円

(2) 決算整理仕訳

直先差額のうち、当期に配分する額を為替差損益に振り替えます。また、未払費用を為替予約相場で円換算して処理します。

（為 替 差 損 益）	700	（前 払 費 用）	700
（支 払 利 息）	1,500	（未 払 費 用）	1,500

為替差損益：$6,300円 \times \dfrac{1か月（×4年3月）}{9か月（×4年3月～×4年11月）} = 700円$

未払費用：$900ドル \times 4\% \times \dfrac{4か月（×3年12月～×4年3月）}{12か月} \times @125円 = 1,500円$

B/S 前払費用：6,300円－700円＝5,600円

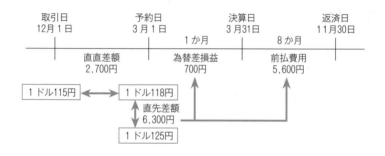

3 長期借入金

(1) 期中未処理事項

① ×4年2月1日（取引日および予約日）

予約日の直物為替相場と先物為替相場の差額を長期前払費用（直先差額）として処理します。

| （現 金 預 金） | 140,400 | （長 期 借 入 金） | 151,200 |
| （長 期 前 払 費 用） | 10,800 | | |

現金預金：1,200ドル×@117円＝140,400円

B/S 長期借入金：1,200ドル×@126円＝151,200円

長期前払費用：1,200ドル×（@126円－@117円）＝10,800円

B/S 現金預金：130,000円＋140,400円＝270,400円

(2) 決算整理仕訳

直先差額のうち、当期に配分する額を為替差損益に振り替えます。また、未払費用を直物為替相場で円換算して処理します。

| （為 替 差 損 益） | 600 | （長 期 前 払 費 用） | 600 |
| （支 払 利 息） | 1,200 | （未 払 費 用） | 1,200 |

為替差損益：$10,800円 \times \dfrac{2か月 ^{（×4年2月～×4年3月）}}{36か月 ^{（×4年2月～×7年1月）}} = 600円$

未払費用：$1,200ドル \times 5\% \times @120円 \times \dfrac{2か月 ^{（×4年2月～×4年3月）}}{12か月} = 1,200円$

B/S 長期前払費用：10,800円－600円＝10,200円

P/L 為替差損：1,000円－1,200円－1,000円＋2,700円＋700円＋600円＝2,800円

| P/L | 支払利息：1,500円 + 1,200円 = 2,700円 |
| B/S | 未払費用：1,500円 + 1,200円 = 2,700円 |

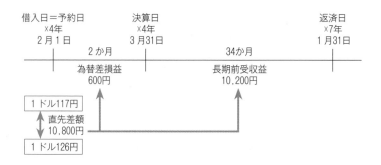

この問題のポイントはこれ!!

▶ **為替予約の振当処理について理解しているか？**

・取引発生時までに為替予約を付した場合（**営業取引**）
⇒取引全体を予約レートで換算。**換算差額なし。**

・取引発生時までに為替予約を付した場合（**資金取引**）
⇒発生時レートと予約レートとの換算差額を前払費用・前受収益として処理
⇒期間按分し、**当期分**を**為替差損益**に振替え。

・取引発生後に為替予約を付した場合
⇒換算差額を、発生時レートと為替予約時の直物為替レートとの差額（直直差額）と、
　　為替予約時の直物為替レートと先物為替レートとの差額（直先差額）に分ける
⇒**直直差額**は**為替差損益**で処理。
⇒**直先差額**は前払費用・前受収益として処理したのち、期間按分。**当期分**を**為替差
　損益**に振替え。

外貨換算会計④

貸 借 対 照 表
×1年12月31日
(単位：円)

資　　　産	金　　額	負債・純資産	金　　額
現　　　　　金	209,600	買　掛　　金	48,000
売　掛　　金	80,000	長 期 借 入 金	96,000
商　　　　　品	110,400	本　　　　　店	830,000
短 期 貸 付 金	96,000	当 期 純 利 益	15,000
建　　　　　物	510,000		
減 価 償 却 累 計 額	△　17,000		
	989,000		989,000

損 益 計 算 書
自×1年 1 月 1 日　至×1年12月31日
(単位：円)

借 方 科 目	金　　額	貸 方 科 目	金　　額
売 上 原 価	213,200	売　　上　　高	310,800
商 品 評 価 損	4,400	そ の 他 の 収 益	24,300
減 価 償 却 費	17,000		
そ の 他 の 費 用	79,380		
為 替 差 損	6,120		
当 期 純 利 益	15,000		
	335,100		335,100

　本問は、ドルで処理されている在外支店の財務諸表を、円換算された財務諸表に換算する問題です。

1 貸借対照表の円換算

貸借対照表の項目については、貨幣項目についてはCRで換算し、非貨幣項目についてはHRで換算します。

貸 借 対 照 表

勘定科目	円換算前（単位：ドル）		換算相場	円換算後（単位：円）	
	借　方	貸　方		借　方	貸　方
現　　　　金	2,620		@80円（CR）	209,600	
売　掛　金	1,000		@80円（CR）	80,000	
商　　　　品	1,380		（注1）	110,400	
短 期 貸 付 金	1,200		@80円（CR）	96,000	
建　　　　物	6,000		@85円（HR）	510,000	
減価償却累計額	△200		@85円（HR）	△17,000	
買　掛　金		600	@80円（CR）		48,000
長 期 借 入 金		1,200	@80円（CR）		96,000
本　　　店		10,000	@83円（HR）		830,000
当 期 純 利 益		200	貸 借 差 額		15,000
	12,000	12,000		989,000	989,000

（注1）商品はHR換算した額（取得原価）とCR換算した額（期末時価）を比較します。

HR換算した商品：（1,380ドル＋20ドル）×@82円＝114,800円

CR換算した商品：1,380ドル×@80円＝110,400円

取得原価114,800円＞期末時価110,400円

∴　商品の円換算額：110,400円

2 損益計算書の円換算

損益計算書の項目については、費用性資産の費用化額と収益性負債の収益化額についてはHRで換算し、それ以外の項目については原則としてHRで換算するのですが、本問では［資料Ⅱ］の4．の指示から、計上時の為替相場が不明な項目についてはARで換算します。

損 益 計 算 書

| 勘定科目 | 円換算前（単位：ドル） | | 換算相場 | 円換算後（単位：円） | |
	借　方	貸　方		借　方	貸　方
売　上　高		3,700	@84円（HR）		310,800
その他の収益		300	@81円（AR）		24,300
売　上　原　価	2,600		@82円（HR）	213,200	
商　品　評　価　損	20		（注2）	4,400	
減　価　償　却　費	200		@85円（HR）	17,000	
その他の費用	980		@81円（AR）	79,380	
為　替　差　損			貸　借　差　額	6,120	
当　期　純　利　益	200		B/Sより	15,000	
	4,000	4,000		335,100	335,100

（注2）商品評価損には（注1）で計算したHR換算した商品の金額（取得原価）から、CR換算した商品の金額（期末時価）の差額を計上します。

　　　商品評価損：114,800円－110,400円＝4,400円

この問題のポイントはこれ!!

①　在外支店の財務諸表項目の換算について理解しているか？

<table>
<tr><td colspan="4" align="center">貸借対照表項目</td></tr>
<tr><td colspan="3" align="center">外国通貨</td><td rowspan="3">決算時の為替相場 CR</td></tr>
<tr><td colspan="3" align="center">外貨建金銭債権債務
（外貨預金、未収収益・未払費用を含む）</td></tr>
<tr><td colspan="3" align="center">貸倒引当金</td></tr>
<tr><td rowspan="2">外貨建
有価証券</td><td colspan="2">売買目的有価証券・満期保有目的の債券・その他有価証券</td><td>決算時の為替相場 CR</td></tr>
<tr><td colspan="2">子会社株式・関連会社株式</td><td>取得時の為替相場 HR</td></tr>
<tr><td rowspan="3">費用性資産
（非貨幣性
資産）</td><td rowspan="2">棚卸資産</td><td>取得原価で記録されているもの</td><td>取得時の為替相場 HR</td></tr>
<tr><td>時価または実質価額が付されているもの</td><td>決算時の為替相場 CR</td></tr>
<tr><td colspan="2">有形固定資産</td><td>取得時の為替相場 HR</td></tr>
<tr><td colspan="3" align="center">本店勘定</td><td>本店における支店勘定の金額</td></tr>
</table>

<table>
<tr><td colspan="4" align="center">損益計算書項目</td></tr>
<tr><td colspan="3">前受金・前受収益等の収益性負債の収益化額</td><td>負債発生時の為替相場 HR</td></tr>
<tr><td colspan="2" rowspan="2">取得原価で記録されている
費用性資産の費用化額</td><td>減価償却費</td><td rowspan="2">資産取得時の為替相場 HR</td></tr>
<tr><td>そ　の　他</td></tr>
<tr><td colspan="2" rowspan="2">その他の収益および費用</td><td>原則</td><td>計上時の為替相場 HR</td></tr>
<tr><td>容認</td><td>期中平均為替相場 AR</td></tr>
<tr><td colspan="3" align="center">本店より仕入勘定</td><td>本店における支店へ売上勘定の金額</td></tr>
<tr><td>換算差額の
処理</td><td colspan="3">換算によって生じた換算差額は、当期の「為替差損益
（為替差益または為替差損)」として処理する</td></tr>
</table>

②　商品の円換算額の算定手順について理解しているか？

・取得原価×発生時レート

　　　　　↕　低い方が貸借対照表価額

・時価×決算時レート

③　在外支店の財務諸表項目の換算の順序について理解しているか？

・在外支店の財務諸表項目の換算は**貸借対照表→損益計算書の順**に行う。

・貸借対照表の貸借差額で計算された**当期純損益**を損益計算書に書き写す。

　⇒当期純損益と収益−費用との差額は**為替差損益**として処理

解答

貸借対照表価額	10,800,000 円

解説

本問は在外支店における棚卸資産の算定に関する問題です。

1 単価計算

期首棚卸高とそれぞれの仕入における単価を計算します。

	取 得 原 価		数 量		単 価
期首棚卸高	72,000ドル	÷	900個	=	@80ドル/個
第1回仕入	172,200ドル	÷	2,100個	=	@82ドル/個
第2回仕入	153,000ドル	÷	1,800個	=	@85ドル/個
第3回仕入	100,800ドル	÷	1,200個	=	@84ドル/個

2 期末帳簿棚卸高の計算（先入先出法）

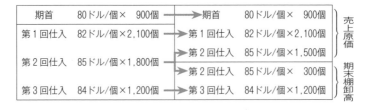

よって、期末帳簿棚卸高（HR換算）は次のようになります。

85ドル/個×@94円× 300個 ＝ 2,397,000円

84ドル/個×@92円×1,200個 ＝ 9,273,600円

11,670,600円

3 貸借対照表価額の計算

期末帳簿棚卸高と時価の円換算額を比較して、いずれか低い方を貸借対照表価額とします。

時価の円換算額：80ドル/個×@90円×1,500個＝10,800,000円

期末帳簿棚卸高＞時価の円換算額

∴貸借対照表価額：10,800,000円

この問題のポイントはこれ!!

▶ **商品の円換算額の算定手順について理解しているか？**

・取得原価×発生時レート

    $\updownarrow$ 低い方が貸借対照表価額

・時価×決算時レート

外貨換算会計⑥

解答

貸借対照表
×2年3月31日 (単位：円)

資　　産	金　　額	負債・純資産	金　　額
現　金　預　金	4,268,000	買　　掛　　金	5,626,000
売　　掛　　金	9,118,000	長　期　借　入　金	7,760,000
商　　　　　品	11,640,000	資　　本　　金	26,000,000
建　　　　　物	19,400,000	利　益　剰　余　金	4,784,000
減価償却累計額	△1,164,000	為替換算調整勘定	△908,000
	43,262,000		43,262,000

損益計算書
自×1年4月1日　至×2年3月31日
(単位：円)

科　　　　　目	金　　額
売　　上　　高	23,760,000
売　上　原　価	14,808,000
売　上　総　利　益	8,952,000
減　価　償　却　費	1,188,000
そ　の　他　の　費　用	3,564,000
為　替　差　損	240,000
当　期　純　利　益	3,960,000

株主資本等変動計算書（利益剰余金のみ）
自×1年4月1日　至×2年3月31日
(単位：円)

借　方　科　目	金　　額	貸　方　科　目	金　　額
剰　余　金　の　配　当	1,176,000	利益剰余金当期首残高	2,000,000
利益剰余金当期末残高	4,784,000	当　期　純　利　益	3,960,000
	5,960,000		5,960,000

解説

本問は在外子会社の財務諸表を円換算する問題です。

1 損益計算書の円換算

在外子会社の損益計算書項目は原則として期中平均レート (AR) で円換算します。本問では親会社からの仕入分だけはHRで換算しますが、それ以外は原則どおりARで換算します。

勘定科目	円換算前（単位：ドル）		換算相場	円換算後（単位：円）	
	借　方	貸　方		借　方	貸　方
売　上　高		240,000	@99円（AR）		23,760,000
売　上　原　価	152,000		（注1）	14,808,000	
減　価　償　却　費	12,000		@99円（AR）	1,188,000	
その他の費用	36,000		@99円（AR）	3,564,000	
為　替　差　損			貸　借　差　額	240,000	
当　期　純　利　益	40,000		@99円（AR）	3,960,000	
	240,000	240,000		23,760,000	23,760,000

（注1）売上原価のうち、親会社からの仕入分はHRで換算し、その他の仕入分についてはARで換算します。

      親会社仕入分：80,000ドル×@96円＝7,680,000円

      その他仕入分：72,000ドル×@99円＝7,128,000円

      売上原価：7,680,000円＋7,128,000円＝14,808,000円

2 株主資本等変動計算書の円換算

　在外子会社の純資産項目は原則としてHRで円換算しますが、当期純利益に関しては損益計算書と同じARで円換算します。

勘定科目	円換算前（単位：ドル）		換算相場	円換算後（単位：円）	
	借　方	貸　方		借　方	貸　方
利益剰余金当期首残高		20,000	@100円（HR）		2,000,000
剰余金の配当	12,000		@98円（HR）	1,176,000	
当 期 純 利 益		40,000	@99円（AR）		3,960,000
利益剰余金当期末残高	48,000		貸 借 差 額	4,784,000	
	60,000	60,000		5,960,000	5,960,000

3 貸借対照表の円換算

　在外子会社の資産項目と負債項目は原則としてCRで円換算しますが、純資産である資本金はHRで円換算し、利益剰余金は株主資本等変動計算書より移記します。

勘定科目	円換算前（単位：ドル）		換算相場	円換算後（単位：円）	
	借　方	貸　方		借　方	貸　方
現 金 預 金	44,000		@97円（CR）	4,268,000	
売 掛 金	94,000		@97円（CR）	9,118,000	
商 品	120,000		@97円（CR）	11,640,000	
建 物	200,000		@97円（CR）	19,400,000	
減価償却累計額	△12,000		@97円（CR）	△1,164,000	
買 掛 金		58,000	@97円（CR）		5,626,000
長 期 借 入 金		80,000	@97円（CR）		7,760,000
資 本 金		260,000	@100円（HR）		26,000,000
利 益 剰 余 金		48,000	S/Sより		4,784,000
為替換算調整勘定			貸 借 差 額	908,000	
	446,000	446,000		44,170,000	44,170,000

この問題のポイントはこれ!!

① 在外子会社の財務諸表項目の原則的な換算方法につき理解しているか?

貸借対照表項目		
資産および負債		決算時の為替相場 **CR**
純資産	親会社による株式取得時の純資産項目	株式取得時の為替相場 **HR**
	親会社による株式取得後に生じた純資産項目	当該項目の発生時の為替相場 **HR**
貸借対照表の換算差額		為替換算調整勘定(その他の包括利益累計額)
損益計算書項目		
収益および費用	原則	期中平均為替相場 **AR**
	容認	決算時の為替相場 **CR**
	親会社との取引によるもの	親会社が換算に用いる為替相場 **HR**
当期純利益	原則	期中平均為替相場 **AR**
	容認	決算時の為替相場 **CR**
損益計算書の換算差額		為替差損益(営業外損益)

② 在外子会社の財務諸表項目の換算の順序につき理解しているか?

・在外子会社の財務諸表項目の換算は**損益計算書→株主資本等変動計算書→貸借対照表の順に**行う。

・損益計算書の**当期純損益**は外貨額を原則として、**期中平均**レートで換算し、生じた換算後の収益−費用との差額は**為替差損益**として処理する。

・貸借対照表において生じた貸借差額は**為替換算調整勘定**として処理する。

外貨換算会計⑦

解答

連結貸借対照表 （単位：円）

借 方 科 目	金 額	貸 方 科 目	金 額
現 金 預 金	(41,400)	買 掛 金	(13,200)
売 掛 金	(20,800)	借 入 金	(24,000)
商 品	(11,100)	資 本 金	(30,000)
建 物	(24,400)	利 益 剰 余 金	(33,875)
その他有価証券	(12,000)	その他有価証券評価差額金	(5,000)
		為替換算調整勘定	(3,625)
	(109,700)		(109,700)

解説

　本問は、在外子会社の連結貸借対照表を作成する問題です。為替換算調整勘定は在外子会社特有の論点なので、この問題を解くことで練習しましょう。

1 個別貸借対照表の推定

　B社株式はB社の個別貸借対照表の資本金と同じ額になります。

　A社個別B/SのB社株式：350ドル × @70円 ＝ 24,500円
　　　　　　　　　　　　　B社　　B社設立時
　　　　　　　　　　　　　資本金　為替相場

　全面時価評価法を採用し、税効果会計も考慮しないので、C社株式の時価による変動と、その他有価証券評価差額金は同じ額になります。

　　　×2年度末B/Sその他有価証券：8,000円

　　　×2年度末B/Sその他有価証券評価差額金：8,000円 － 7,000円 ＝ 1,000円

　　　×3年度末B/Sその他有価証券：12,000円

　　　×3年度末B/Sその他有価証券評価差額金：12,000円 － 7,000円 ＝ 5,000円

(1) **B社の貸借対照表の円換算（×2年度末）**

貸 借 対 照 表

勘定科目	円換算前（単位：ドル）		換算相場	円換算後（単位：円）	
	借　方	貸　方		借　方	貸　方
現 金 預 金	75		@70円（CR）	5,250	
売 　掛　 金					
商 　　　 品					
建 　　　 物	325		@70円（CR）	22,750	
買 　掛　 金					
借 　入　 金		50	@70円（CR）		3,500
資 　本　 金		350	@70円（CR）		24,500
利 益 剰 余 金					
	400	400		28,000	28,000

(2) **B社の貸借対照表の円換算（×3年度末）**

貸 借 対 照 表

勘定科目	円換算前（単位：ドル）		換算相場	円換算後（単位：円）	
	借　方	貸　方		借　方	貸　方
現 金 預 金	80		@80円（CR）	6,400	
売 　掛　 金	10		@80円（CR）	800	
商 　　　 品	45		@80円（CR）	3,600	
建 　　　 物	305		@80円（CR）	24,400	
買 　掛　 金		15	@80円（CR）		1,200
借 　入　 金		50	@80円（CR）		4,000
資 　本　 金		350	@70円（前CR）		24,500
利 益 剰 余 金		25	@75円（AR）		1,875
為替換算調整勘定			貸 借 差 額		3,625
	440	440		35,200	35,200

(3) 連結修正仕訳

① ×2年度末（開始仕訳）

投資と資本の相殺

| （資　本　金） | 24,500 | （B　社　株　式） | 24,500 |

② 期中仕訳

仕訳なし

3 連結精算表（×3年度末）

連　結　精　算　表

勘定科目	A社B/S	B社B/S	連結修正仕訳		連結B/S
			借　方	貸　方	
現　金　預　金	35,000	6,400			41,400
売　　掛　　金	20,000	800			20,800
商　　　　　品	7,500	3,600			11,100
建　　　　　物		24,400			24,400
B　社　株　式	24,500			24,500	
その他有価証券	12,000				12,000
計	99,000	35,200		24,500	109,700
買　　掛　　金	(12,000)	(1,200)			(13,200)
借　　入　　金	(20,000)	(4,000)			(24,000)
資　　本　　金	(30,000)	(24,500)	24,500		(30,000)
利　益　剰　余　金	(32,000)	(1,875)			(33,875)
その他有価証券評価差額金	(5,000)				(5,000)
為替換算調整勘定		(3,625)			(3,625)
計	(99,000)	(35,200)	24,500		(109,700)

この問題のポイントはこれ!!

▶ **在外子会社の為替換算調整勘定について理解しているか？**

・為替換算調整勘定＝子会社の外貨建純資産額×決算時レート
　　　　　　　　　　　－子会社純資産の円換算額

理論問題

解答

ア	イ	ウ
振当	直先差額	為替換算調整勘定

エ
その他の包括利益累計額

解説

外貨換算会計に関する用語について問う問題です。

1. 外貨建金銭債権債務等に係る為替予約等の（ **振当** ）処理においては、当該金銭債権債務等の取得時または発生時の為替相場による円換算額と為替予約等による円貨額との差額のうち、予約等の締結時の直物為替相場による円換算額と為替予約（先物為替相場）による円換算額との差額を（ **直先差額** ）といい、予約日の属する期から決済日の属する期までの期間にわたって合理的な方法により配分し、各期の損益として処理する。

2. 連結財務諸表の作成または持分法の適用にあたり、外国にある子会社または関連会社の外国通貨で表示されている財務諸表項目の換算によって生じた換算差額については、（ **為替換算調整勘定** ）として連結貸借対照表の純資産の部における（ **その他の包括利益累計額** ）の内訳項目として表示する。

キャッシュ・フロー計算書

解答

〈直接法〉

キャッシュ・フロー計算書	（単位：円）
Ⅰ　営業活動によるキャッシュ・フロー	
営　業　収　入	（　　923,650　）
商品の仕入れによる支出	（△　602,000　）
人　件　費　の　支　出	（△　　91,700　）
その他の営業支出	（△　　18,200　）
小　　　計	（　　211,750　）
利息及び配当金の受取額	（　　　7,000　）
利　息　の　支　払　額	（△　　9,800　）
法人税等の支払額	（△　　56,000　）
営業活動によるキャッシュ・フロー	（　　152,950　）
Ⅱ　投資活動によるキャッシュ・フロー	
有価証券の取得による支出	（△　　14,000　）
有価証券の売却による収入	（　　　49,000　）
有形固定資産の取得による支出	（△　210,000　）
有形固定資産の売却による収入	（　　126,000　）
貸　付　け　に　よ　る　支　出	（△　　4,200　）
貸付金の回収による収入	（　　　11,200　）
投資活動によるキャッシュ・フロー	（△　　42,000　）
Ⅲ　財務活動によるキャッシュ・フロー	
借　入　れ　に　よ　る　収　入	（　　　28,000　）
借入金の返済による支出	（△　　56,000　）
株式の発行による収入	（　　　14,000　）
配　当　金　の　支　払　額	（△　　42,000　）
財務活動によるキャッシュ・フロー	（△　　56,000　）
Ⅳ　現金及び現金同等物に係る換算差額	（△　　4,200　）
Ⅴ　現金及び現金同等物の増加額	（　　　50,750　）
Ⅵ　現金及び現金同等物の期首残高	（　　189,000　）
Ⅶ　現金及び現金同等物の期末残高	（　　239,750　）

〈間接法〉

キャッシュ・フロー計算書	（単位：円）
税 引 前 当 期 純 利 益	（ 146,650 ）
減 価 償 却 費	（ 57,400 ）
貸 倒 引 当 金 の 増 加 額	（ 350 ）
退 職 給 付 引 当 金 の 増 加 額	（ 2,800 ）
受 取 利 息 及 び 配 当 金	（ △ 5,600 ）
支 払 利 息	（ 8,400 ）
有 価 証 券 売 却 益	（ △ 7,000 ）
有 価 証 券 評 価 損	（ 2,800 ）
為 替 差 損	（ 4,200 ）
固 定 資 産 売 却 損	（ 12,600 ）
売 上 債 権 の 増 加 額	（ △ 27,650 ）
棚 卸 資 産 の 減 少 額	（ 31,500 ）
前 払 費 用 の 増 加 額	（ △ 1,400 ）
仕 入 債 務 の 減 少 額	（ △ 14,000 ）
未 払 費 用 の 増 加 額	（ 700 ）
小 計	（ 211,750 ）

解説

本問は、キャッシュ・フロー計算書の作成に関する問題です。

直接法

1 営業収入

売上債権（受取手形・売掛金）ボックスを作って、売上債権の当期回収額（収入額）を計算します。

(1) 受取手形・売掛金ボックス

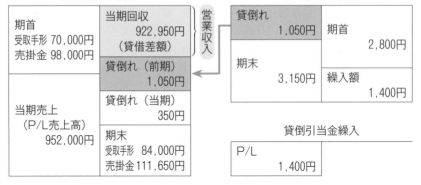

(2) 償却債権取立益

700円

$\boxed{\text{C/S}}$ 営業収入：(1)＋(2)＝923,650円

---

2 商品の仕入れによる支出

仕入債務（支払手形・買掛金）と商品のボックスを作って、仕入債務と商品の増減額から商品の仕入れによる支出を計算します。

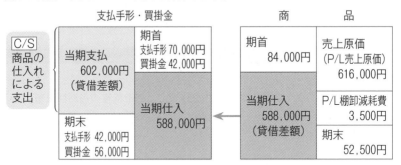

(1) **給料・賞与手当**

給料・賞与手当

人件費の支出	当期支払 83,300円 (貸借差額)	期首未払 1,400円
		P/L 給料・賞与手当 84,000円
	期末未払 2,100円	

(2) **退職給付引当金**

退職給付引当金

人件費の支出	当期支払 8,400円 (貸借差額)	期首 124,600円
		P/L 退職給付費用 11,200円
	期末 127,400円	

C/S 人件費の支出：(1)＋(2)＝91,700円

---

4 **その他の営業支出**

期首と期末の前払営業費を加減して、差額でその他の営業支出を計算します。

その他の営業費

	期首前払　　　1,400円	P/L その他の営業費 16,800円
C/S その他の 営業支出	当期支払 18,200円 (貸借差額)	
		期末前払　　　2,800円

---

5 **利息及び配当金の受取額**

期首と期末の未収利息を加減して、差額で利息及び配当金の受取額を計算します。

受取利息・配当金

期首未収　　　2,800円	当期受取 7,000円 (貸借差額)	C/S 利息及び配当 金の受取額
P/L 受取利息・配当金 5,600円		
	期末未収　　　1,400円	

利息の支払額

期首と期末の未払利息を加減して、差額で利息の支払額を計算します。

支 払 利 息

C/S 利息の支払額	当期支払 （貸借差額）　9,800円	期首未払 　　　　4,200円
		P/L 支払利息 　　　　8,400円
	期末未払 　　　　2,800円	

法人税等の支払額

期首と期末の未払法人税等を加減して、差額で法人税等の支払額を計算します。

法 人 税 等

C/S 法人税等の支払額	当期支払 （貸借差額）　56,000円	期首未払 　　　　28,000円
		P/L 法人税等 　　　　63,000円
	期末未払 　　　　35,000円	

有価証券

有 価 証 券

		当期売却 　　　　42,000円
期首 　　　56,000円		評価損 　　　　2,800円
C/S 有価証券の取得による支出	当期取得 （貸借差額）　14,000円	期末 　　　　25,200円

C/S 有価証券の売却による収入：49,000円（資料Ⅱより）

190

有形固定資産

期首　420,000円	当期売却　168,000円
当期取得（貸借差額）　210,000円	期末　462,000円

C/S 有形固定資産の取得による支出

C/S 有形固定資産の売却による収入：126,000円（資料Ⅱより）

10 貸付金

貸　付　金

期首　14,000円	当期回収　11,200円
当期貸付け（貸借差額）　4,200円	期末　7,000円

C/S 貸付金の回収による収入

C/S 貸付けによる支出

11 借入金

借　入　金

当期返済　56,000円	期首　98,000円
期末　70,000円	当期借入れ（貸借差額）　28,000円

C/S 借入金の返済による支出

C/S 借入れによる収入

CH
08

キャッシュ・フロー計算書

株式の発行による収入

資　本　金

	期首	
		280,000円
期末	当期発行	
294,000円	（貸借差額）　14,000円	

C/S
株式の発行
による収入

現金及び現金同等物に係る換算差額

　　外貨預金から生じる為替差損益については、現金及び現金同等物に係る換算差額
に記載します。

C/S 現金及び現金同等物に係る換算差額：△4,200円

間接法

1 **貸倒引当金の増加額**

　　貸倒引当金の増加⇒非資金損益項目　∴加算調整

　　3,150円 − 2,800円 = 350円
　　当期末残高　前期末残高

C/S 貸倒引当金の増加額：350円

---

2 **退職給付引当金の増加額**

　　退職給付引当金の増加⇒非資金損益項目　∴加算調整

　　127,400円 − 124,600円 = 2,800円
　　当期末残高　　前期末残高

C/S 退職給付引当金の増加額：2,800円

---

3 **売上債権の増加額**

　　売上債権の増加⇒営業資産の増加　∴減算調整

　　（84,000円 + 111,650円）−（70,000円 + 98,000円）= 27,650円
　　　　当期末残高　　　　　　　前期末残高

C/S 売上債権の増加額：△27,650円

4 棚卸資産の減少額

棚卸資産の減少⇒営業資産の減少　∴加算調整

52,500円 − 84,000円 = △31,500円
<small>当期末残高　前期末残高</small>

C/S 棚卸資産の減少額：31,500円

5 前払費用の増加額

前払費用の増加⇒営業資産の増加　∴減算調整

2,800円 − 1,400円 = 1,400円
<small>当期末残高　前期末残高</small>

C/S 前払費用の増加額：△1,400円

6 仕入債務の減少額

仕入債務の減少⇒営業負債の減少　∴減算調整

(42,000円 + 56,000円) − (70,000円 + 42,000円) = △14,000円
<small>　　当期末残高　　　　　　　前期末残高</small>

C/S 仕入債務の減少額：△14,000円

7 未払費用の増加額

未払費用の増加⇒営業負債の増加　∴加算調整

2,100円 − 1,400円 = 700円
<small>未払給料　未払給料
当期末残高　前期末残高</small>

C/S 未払費用の増加額：700円

8 その他の項目

減価償却費、受取利息及び配当金、支払利息、有価証券売却益、有価証券評価損、為替差損、固定資産売却損に関しては、損益計算書の数値を記入します。

この問題のポイントはこれ!!

① 直接法/間接法によるキャッシュ・フロー計算書の違いを理解しているか?

・直接法と間接法で異なるのは、営業キャッシュ・フローのうち、**小計欄より上の項目**

⇒直接法

営業C/F (小計欄) =営業収入 (総額) −営業支出 (総額)

> ・商品の仕入れによる支出
> ・人件費の支出
> ・その他の営業支出

⇒間接法

営業C/F (小計欄) =税引前当期純利益±調整項目

> ・営業外損益、特別損益
> ・非資金損益項目の調整
> ・営業資産、営業負債の増減の調整

② 利息および配当金に係るキャッシュ・フローの区分を理解しているか?

・利息および配当金に係るキャッシュ・フローの区分形式は以下の2通り

	Ⅰ. 取引が損益の算定に含まれるか否かで区分する方法 **〈本問はこっち〉**	Ⅱ. 発生原因となる活動の性格によって区分する方法
受　取　利　息	営業活動によるキャッシュ・フロー	投資活動によるキャッシュ・フロー
受　取　配　当　金		
支　払　利　息		
支　払　配　当　金	財務活動によるキャッシュ・フロー	

解答

1.

ア	イ	ウ
営業	投資	財務

2.

ア	イ	ウ
財務活動によるキャッシュ・フロー	投資活動によるキャッシュ・フロー	直接法

エ
間接法

解説

キャッシュ・フロー計算書に関する用語について問う問題です。

1．キャッシュ・フロー計算書は，次の3つの区分にわけることができます。

(1)（**営業**）活動によるキャッシュ・フロー

(2)（**投資**）活動によるキャッシュ・フロー

(3)（**財務**）活動によるキャッシュ・フロー

2．

(1) 利息および配当金に係るキャッシュ・フローは、次のいずれかの方法により記載する。

① 受取利息、受取配当金および支払利息は営業活動によるキャッシュ・フローの区分に記載し、支払配当金は（**財務活動によるキャッシュ・フロー**）の区分に表示する方法。

② 受取利息および受取配当金は（**投資活動によるキャッシュ・フロー**）の区分に記載し、支払利息および支払配当金は財務活動によるキャッシュ・フローの区分に記載する方法。

(2) 主要な取引ごとにキャッシュ・フローを総額表示する方法を（**直接法**）と

いい、税金等調整前当期純利益に非資金損益項目、営業活動に係る資産および負債の増減、投資活動によるキャッシュ・フローおよび財務活動によるキャッシュ・フローの区分に含まれる損益項目を加減して表示する方法を（ **間接法** ）という。

CHAPTER 09-❶／2問　　　　連結キャッシュ・フロー計算書①

解答

連結キャッシュ・フロー計算書（単位：円）

Ⅰ	営業活動によるキャッシュ・フロー		
	営業収入		198,000
	商品の仕入れによる支出	△	113,000
	人件費の支出	△	29,000
	その他の営業支出	△	15,000
	小計		41,000
	利息及び配当金の受取額		2,550
	利息の支払額	△	2,550
	法人税等の支払額	△	11,000
	営業活動によるキャッシュ・フロー		30,000
Ⅱ	投資活動によるキャッシュ・フロー		
	有価証券の取得による支出	△	4,000
	有価証券の売却による収入		9,500
	有形固定資産の取得による支出	△	37,000
	有形固定資産の売却による収入		28,000
	貸付けによる支出	△	1,750
	貸付金の回収による収入		4,500
	投資活動によるキャッシュ・フロー	△	750
Ⅲ	財務活動によるキャッシュ・フロー		
	短期借入れによる収入		8,500
	短期借入金の返済による支出	△	12,000
	株式の発行による収入		4,000
	配当金の支払額	△	3,000
	非支配株主への配当金の支払額	△	500
	財務活動によるキャッシュ・フロー	△	3,000
Ⅳ	現金及び現金同等物に係る換算差額		800
Ⅴ	現金及び現金同等物の増加額		27,050
Ⅵ	現金及び現金同等物の期首残高		48,000
Ⅶ	現金及び現金同等物の期末残高		75,050

本問は、連結キャッシュ・フロー計算書の作成（原則法）に関する問題です。

1 相殺消去高

(1) 営業収入と仕入支出

25,000円（期首買掛金）＋33,000円（当期掛仕入高）−35,000円（期末買掛金）

＝23,000円

P社に対する買掛金

相殺消去高 {	P社に対する仕入支出 23,000円 （貸借差額）	期首 25,000円
	期末 35,000円	仕入 33,000円

(2) 短期借入れによる収入と貸付けによる支出

500円

(3) 貸付金の回収による収入と短期借入金の返済による支出

750円

(4) 利息の受取額と利息の支払額

150円

(5) 有形固定資産の売却による収入と有形固定資産の取得による支出

8,000円

(6) 配当金の受取額と配当金の支払額

① 子会社の配当金の支払額のうち親会社に対する支払額と親会社の配当金の受取額の相殺消去高

2,500円×80％＝2,000円

② 子会社の配当金の支払額のうち非支配株主への支払額の振替高

2,500円×20％＝500円

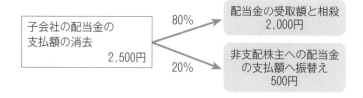

(単位：円)

摘要	P社	S社	修正	連結C/S
Ⅰ　営業活動によるキャッシュ・フロー				
営　業　収　入	133,000	88,000	△23,000	198,000
商品の仕入れによる支出	△91,000	△45,000	23,000	△113,000
人　件　費　の　支　出	△13,000	△16,000		△29,000
そ の 他 の 営 業 支 出	△7,000	△8,000		△15,000
小　　　　計	22,000	19,000	0	41,000
利息及び配当金の受取額	4,500	200	△2,150	2,550
利　息　の　支　払　額	△1,500	△1,200	150	△2,550
法 人 税 等 の 支 払 額	△6,000	△5,000		△11,000
営業活動によるキャッシュ・フロー	19,000	13,000	△2,000	30,000
Ⅱ　投資活動によるキャッシュ・フロー				
有価証券の取得による支出	△2,500	△1,500		△4,000
有価証券の売却による収入	6,500	3,000		9,500
有形固定資産の取得による支出	△32,500	△12,500	8,000	△37,000
有形固定資産の売却による収入	25,000	11,000	△8,000	28,000
貸　付　け　に　よ　る　支　出	△1,500	△750	500	△1,750
貸付金の回収による収入	2,500	2,750	△750	4,500
投資活動によるキャッシュ・フロー	△2,500	2,000	△250	△750
Ⅲ　財務活動によるキャッシュ・フロー				
短 期 借 入 れ に よ る 収 入	5,000	4,000	△500	8,500
短期借入金の返済による支出	△9,500	△3,250	750	△12,000
株 式 の 発 行 に よ る 収 入	4,000	—		4,000
配　当　金　の　支　払　額	△3,000	△2,500	2,500	△3,000
非支配株主への配当金の支払額			△500	△500
財務活動によるキャッシュ・フロー	△3,500	△1,750	2,250	△3,000
Ⅳ　現金及び現金同等物に係る換算差額	1,500	△700		800
Ⅴ　現金及び現金同等物の増加額	14,500	12,550	0	27,050
Ⅵ　現金及び現金同等物の期首残高	36,000	12,000		48,000
Ⅶ　現金及び現金同等物の期末残高	50,500	24,550	0	75,050

CH
09

連結キャッシュ・フロー計算書

この問題のポイントはこれ!!

▶ **連結キャッシュ・フロー計算書（原則法＋直接法）の作成手順を理解しているか？**

Step1 **個別C/Sを合算** ◀━ スタートは個別C/S

Step2 連結会社間のキャッシュ・フローを相殺消去

・営業収入と仕入支出

・貸付けによる支出と借入れによる収入

・貸付金回収による収入と借入金返済による支出

・利息の受取額と利息の支払額

・有形固定資産の売却による収入と有形固定資産の取得による支出

・配当金の受取額と配当金の支払額

連結キャッシュ・フロー計算書②

連結キャッシュ・フロー計算書（単位：円）

Ⅰ　営業活動によるキャッシュ・フロー		
税 金 等 調 整 前 当 期 純 利 益		11,200
減 価 償 却 費		1,000
貸 倒 引 当 金 の（ 増 加 額 ）		20
の れ ん 償 却 額		100
受 取 利 息 配 当 金	△	400
支 払 利 息		600
有 形 固 定 資 産 売 却 益	△	1,280
損 害 賠 償 損 失		520
売 上 債 権 の（ 増 加 額 ）	△	500
棚 卸 資 産 の（ 増 加 額 ）	△	1,500
前 払 費 用 の（ 増 加 額 ）	△	60
仕 入 債 務 の（ 減 少 額 ）	△	1,200
小 計		8,500
利 息 及 び 配 当 金 の 受 取 額		420
利 息 の 支 払 額	△	650
損 害 賠 償 金 の 支 払 額	△	520
法 人 税 等 の 支 払 額	△	3,500
営業活動によるキャッシュ・フロー		4,250

本問は、連結キャッシュ・フロー計算書の作成（簡便法）に関する問題です。

CH
09

連結キャッシュ・フロー計算書

連結キャッシュ・フロー計算書（単位：円）

I 営業活動によるキャッシュ・フロー			
税金等調整前当期純利益		❶	11,200
減 価 償 却 費		❶	1,000
貸 倒 引 当 金 の（増 加 額）		❷	20
の れ ん 償 却 額		❶	100
受 取 利 息 配 当 金	△	❶	400
支 払 利 息		❶	600
有 形 固 定 資 産 売 却 益	△	❶	1,280
損 害 賠 償 損 失		❶	520
売 上 債 権 の（増 加 額）	△	❸	500
棚 卸 資 産 の（増 加 額）	△	❹	1,500
前 払 費 用 の（増 加 額）	△	❺	60
仕 入 債 務 の（減 少 額）	△	❻	1,200
小 計			8,500
利 息 及 び 配 当 金 の 受 取 額		❼	420
利 息 の 支 払 額	△	❽	650
損 害 賠 償 金 の 支 払 額	△	❶	520
法 人 税 等 の 支 払 額	△	❾	3,500
営業活動によるキャッシュ・フロー			4,250

❶ 連結損益計算書より移記

❷ 貸倒引当金の増加⇒非資金損益項目 ∴加算調整
180円 － 160円 ＝ 20円

❸ 売上債権の増加⇒営業資産の増加 ∴減算調整
（3,300円 ＋ 6,500円）－（2,600円 ＋ 6,700円）＝ 500円

❹ 棚卸資産の増加⇒営業資産の増加 ∴減算調整
8,200円 － 6,700円 ＝ 1,500円

❺ 前払費用の増加⇒営業資産の増加 ∴減算調整
120円 － 60円 ＝ 60円

❻ 仕入債務の減少⇒営業負債の減少 ∴減算調整
（3,000円 ＋ 4,300円）－（4,000円 ＋ 4,500円）＝ △1,200円

❼ 配当金の受取額の計算
連結P/Lの受取利息配当金400円は、Ｐ社およびＳ社の個別上の受取利息配当金を合計し、次の連結修正仕訳によって、消去を行って算定しています。

S社配当金の修正

（受取利息配当金）	840*1	（配　当　金）	1,400
（非支配株主持分）	560*2		

＊1　$\underset{\text{S社配当金}}{1,400円} \times 60\% = 840円$

＊2　$\underset{\text{S社配当金}}{1,400円} \times 40\% = 560円$

したがって、連結P/L上の受取利息配当金は、連結会社間取引であるS社からの配当金の受取額が消去済みであるため、連結C/S上の利息及び配当金の受取額を求める際は、連結P/L上の受取利息配当金をそのまま用います。

$\underset{\substack{\text{連結P/L}\\\text{受取利息}\\\text{配当金}}}{400円} + \underset{\substack{\text{期首}\\\text{未収}}}{60円} - \underset{\substack{\text{期末}\\\text{未収}}}{40円} = 420円$

受取利息配当金

期首未収利息　　60円	受取額（貸借差額）　　420円
P/L　　　　　　400円	期末未収利息　　40円

❽　利息の支払額

$\underset{\text{連結P/L}}{600円} + \underset{\substack{\text{期首}\\\text{未払}}}{140円} - \underset{\substack{\text{期末}\\\text{未払}}}{90円} = 650円$

支　払　利　息

支払額（貸借差額）　　650円	期首未払　　140円
期末未払　　90円	P/L　　　　600円

❾ 法人税等の支払額

$$3,800円 + 1,500円 - 1,800円 = 3,500円$$
連結P/L　期首未払　期末未払

法　人　税　等

支払額 （貸借差額）　　3,500円	期首未払 　　　　　　1,500円		
	P/L 　　　　　　3,800円		
期末未払 　　　　1,800円			

この問題のポイントはこれ!!

▶ **連結キャッシュ・フロー計算書（簡便法＋間接法）の作成方法を理解しているか？**

　Step1 **連結F/Sを作成（連結C/S以外）** ◀ スタートは連結F/S

　Step2 **必要な調整を行う。**

　(1)調整方法は**個別C/Sと同じ**

　(2)ただし、連結固有の調整あり

　　・持分法による投資損益

　　　⇒利益：減算、損失：加算

　　・のれん償却額：加算

　　・負ののれん発生益：減算

　　・持分法適用会社からの配当金受取額

　　　⇒連結P/Lの受取利息配当金に**別途加算**し、連結C/Sの利息及び配当金の受取

　　　　額に計上（連結子会社からの配当金受取額は別途加算**必要なし**）

CHAPTER 10−❶／2問　　　　　　　　包括利益

解答

連結包括利益計算書
自×2年4月1日　至×3年3月31日

(単位：円)

当 期 純 利 益	(407,760)
その他の包括利益	
その他有価証券評価差額金	(6,720)
包 括 利 益	(414,480)
(内訳)	
親会社株主に係る包括利益	(376,080)
非支配株主に係る包括利益	(38,400)

解説

本問は、連結財務諸表から、連結包括利益計算書を作成する問題です。

	連結包括利益	包括利益の内訳	
		非支配株主持分	親会社持分
当 期 純 利 益	407,760円*1	38,400円*4	369,360円*5
その他の包括利益			
その他有価証券評価差額金	6,720円*2	―	6,720円
包 括 利 益	414,480円*3	38,400円	376,080円*6

＊1　［資料Ⅲ］より、369,360円＋38,400円＝407,760円
　　　　　　親会社株主に帰属　非支配株主に帰属
　　　　　　する当期純利益　　する当期純利益

＊2　［資料Ⅱ］より、(750,000円−738,800円)×60％＝6,720円
　　　　　　　P社当期末　　　P社前期末　　　　P社・その他有価証券
　　　　　　その他有価証券　その他有価証券　　評価差額金の当期変動額

＊3　407,760円＋6,720円＝414,480円

＊4　［資料Ⅲ］の非支配株主に帰属する当期純利益より

＊5　［資料Ⅲ］の親会社株主に帰属する当期純利益より

＊6　414,480円−38,400円＝376,080円

CH
10

包括利益

▶ **連結包括利益計算書**の「包括利益」を理解しているか？

　・**親会社株主**に係る包括利益と**非支配株主**に係る包括利益の合計
　　⇒包括利益：期末純資産－期首純資産－持分所有者との直接的な取引額

CHAPTER 10－❷／2問　　　　　　　　**理論問題**

解答

ア	イ	ウ
特定期間	純資産	直接的
エ	オ	カ
非支配株主	当期純利益	組替調整額

解説

　包括利益に関する用語について問う問題です。

1．「包括利益」とは、ある企業の（ **特定期間** ）の財務諸表において認識された（ **純資産** ）の変動額のうち、当該企業の純資産に対する持分所有者との（ **直接的** ）な取引によらない部分をいう。当該企業の純資産に対する持分所有者には、当該企業の株主のほか当該企業の発行する新株予約権の所有者が含まれ、連結財務諸表においては、当該企業の子会社の（ **非支配株主** ）も含まれる。

2．「その他の包括利益」とは、包括利益のうち（ **当期純利益** ）に含まれない部分をいう。連結財務諸表におけるその他の包括利益には、親会社株主に係る部分と（ **非支配株主** ）に係る部分が含まれる。

3．当期純利益を構成する項目のうち当期または過去の期間にその他の包括利益に含まれていた部分については、（ **組替調整額** ）としてその他の包括利益の内訳項目ごとに注記する。

解答

問1　×1年度の連結修正仕訳

① 取得関連費用　　　　　　　　　　　　　　　　　（単位：円）

借　方　科　目	金　　額	貸　方　科　目	金　　額
支 払 手 数 料	6,000	S　社　株　式	6,000

② 投資と資本の相殺消去　　　　　　　　　　　　（単位：円）

借　方　科　目	金　　額	貸　方　科　目	金　　額
資　　本　　金	120,000	S　社　株　式	195,000
資 本 剰 余 金	30,000	非支配株主持分	43,200
利 益 剰 余 金	66,000		
の　　れ　　ん	22,200		

問2　×2年度の連結修正仕訳

① 開始仕訳　　　　　　　　　　　　　　　　　　（単位：円）

借　方　科　目	金　　額	貸　方　科　目	金　　額
資本金当期首残高	120,000	S　社　株　式	201,000
資本剰余金当期首残高	30,000	非支配株主持分当期首残高	43,200
利益剰余金当期首残高	72,000		
の　　れ　　ん	22,200		

② 当期純利益の按分　　　　　　　　　　　　　　（単位：円）

借　方　科　目	金　額	貸　方　科　目	金　額
非支配株主に帰属する当期純損益	800	非支配株主持分当期変動額	800

③ のれんの償却　　　　　　　　　　　　　　　　（単位：円）

借　方　科　目	金　額	貸　方　科　目	金　額
の れ ん 償 却 額	2,220	の　　れ　　ん	2,220

④　子会社株式の一部売却 (単位：円)

借　方　科　目	金　　　額	貸　方　科　目	金　　　額
S　社　株　式	50,250	非支配株主持分当期変動額	44,000
子会社株式売却益	3,750	資本剰余金持分の変動	10,000

解説

　本問は、支配獲得時と一部売却時において、取得関連費用がある場合についての問題です。

1　×1年度の連結修正仕訳

　個別上、子会社株式の取得原価に含まれている取得関連費用を、連結上は費用に計上するため、取得関連費用を支払手数料として計上し、子会社株式の帳簿価額を減額する連結修正仕訳を行います。のれんは取得関連費用をのぞいた連結上の取得価額にもとづいて計上します。

(1)　取得関連費用

（支払手数料）	6,000	（S　社　株　式）	6,000

　　取得関連費用（S社）：6,000円

(2)　投資と資本の相殺消去

（資　　本　　金）	120,000	（S　社　株　式）	195,000
（資　本　剰　余　金）	30,000	（非支配株主持分）	43,200
（利　益　剰　余　金）	66,000		
（の　　れ　　ん）	22,200		

　　S社株式：201,000円 − 6,000円 = 195,000円
　　　　　　　個別上S社株式　取得関連
　　　　　　　取得原価　　　　費用

　　非支配株主持分：（120,000円 + 30,000円 + 66,000円）× 20% = 43,200円

　　のれん：195,000円 −（120,000円 + 30,000円 + 66,000円）× 80% = 22,200円

2　×2年度の連結修正仕訳

　開始仕訳では、支配獲得時に支払手数料として計上した取得関連費用を、前期以前に計上した損益項目として利益剰余金当期首残高で処理をします。

(1) 開始仕訳

① 開始仕訳（取得関連費用）

（利益剰余金当期首残高）	6,000	（S 社 株 式）		6,000

② 開始仕訳（投資と資本の相殺消去）

（資本金当期首残高）	120,000	（S 社 株 式）	195,000
（資本剰余金当期首残高）	30,000	（非支配株主持分当期首残高）	43,200
（利益剰余金当期首残高）	66,000		
（の　れ　ん）	22,200		

S社株式：201,000円 － 6,000円 ＝ 195,000円
　　　　　個別上S社株式　取得関連
　　　　　　取得原価　　　費用

③ ①＋② → 開始仕訳

（資本金当期首残高）	120,000	（S 社 株 式）	201,000
（資本剰余金当期首残高）	30,000	（非支配株主持分当期首残高）	43,200
（利益剰余金当期首残高）	72,000		
（の　れ　ん）	22,200		

S社株式：195,000円 ＋ 6,000円 ＝ 201,000円

利益剰余金当期首残高：66,000円 ＋ 6,000円 ＝ 72,000円

(2) 当期純利益の按分

（非支配株主に帰属する当期純損益）	800	（非支配株主持分当期変動額）	800

非支配株主に帰属する当期純損益：（70,000円 － 66,000円）× 20％ ＝ 800円
　　　　　　　　　　　　　　　　　　　　　　　　　　　　　　　　非支配株主
　　　　　　　　　　　　　　　　　　　　　　　　　　　　　　　　持分比率

(3) のれんの償却

（のれん償却額）	2,220	（の　れ　ん）	2,220

のれん償却額：22,200円 ÷ 10年 ＝ 2,220円

(4) 子会社株式の一部売却

　一部売却においては、個別上の処理では、取得関連費用を含むS社株式の取得原価にもとづき、S社株式売却帳簿価額と子会社株式売却益を計上しますが、連結上では取得関連費用は取得原価に含まれないため連結修正仕訳を行います。

① 個別上の処理

（現　金　預　金）	54,000	（S 社 株 式）	50,250
		（子会社株式売却益）	3,750

$$S 社株式：\underset{\substack{\text{個別上S社株式}\\\text{取得原価}}}{201,000円} \times \frac{20\%}{80\%} = 50,250円$$

② 連結上あるべき仕訳（取得関連費用がない場合と同様）

（現　金　預　金）	54,000	（非支配株主持分当期変動額）	44,000
		（資本剰余金持分の変動）	10,000

非支配株主持分当期変動額：$\underset{\text{資本合計}}{220,000円} \times 20\% = 44,000円$

③ ②－① → 連結修正仕訳

（S　社　株　式）	50,250	（非支配株主持分当期変動額）	44,000
（子会社株式売却益）	3,750	（資本剰余金持分の変動）	10,000

非支配株主持分当期変動額：$(120,000円 + 30,000円 + 70,000円) \times 20\% = 44,000円$

$$S 社株式：\underset{\substack{\text{個別上S社株式}\\\text{取得原価}}}{201,000円} \times \frac{20\%}{80\%} = 50,250円$$

子会社株式売却益：$\underset{\substack{\text{S社株式}\\\text{20\%分}\\\text{売却金額}}}{54,000円} - \underset{\substack{\text{個別上S社株式}\\\text{取得原価}}}{201,000円} \times \frac{20\%}{80\%} = 3,750円$

資本剰余金持分の変動：$\underset{\substack{\text{S社株式}\\\text{20\%分}\\\text{売却金額}}}{54,000円} - \underset{\text{資本合計}}{220,000円} \times 20\% = 10,000円$

この問題のポイントはこれ!!

▶ 取得関連費用の個別上と連結上における会計処理の違いを理解しているか？

・個別上：取得関連費用は**子会社株式の取得原価**に含める。

・連結上：取得関連費用は**発生時の費用**として処理する。

⇒連結上費用を計上し、個別上の子会社株式の取得原価を減額する連結修正仕訳を行う。

（支払手数料）	×××	（子会社株式）	×××

商業簿記

解答

連結貸借対照表
×5年3月31日現在
(単位：千円)

資　産　の　部			負　債　の　部		
I　流　動　資　産			I　流　動　負　債		
現　金　預　金	（	1,648,200）	買　　掛　　金	（	467,000）
売　　掛　　金	（❷	1,038,000）	未　払　費　用	（	9,960）
貸　倒　引　当　金	（△	20,760）	未　払　法　人　税　等	（	92,400）
商　　　　　品	（❷	259,000）	その他の流動負債	（	25,440）
未　収　収　益	（	11,400）	流動負債合計	（	594,800）
その他の流動資産	（	353,335）	II　固　定　負　債		
流動資産合計	（	3,289,175）	社　　　　　債	（❷	718,125）
II　固　定　資　産			長　期　借　入　金	（	180,000）
建　　　　　物	（	750,000）	繰　延　税　金　負　債	（	）
減価償却累計額	（△	225,000）	固定負債合計	（	898,125）
土　　　　　地	（❷	790,000）	負　債　合　計	（	1,492,925）
の　　れ　　ん	（❷	49,920）	純　資　産　の　部		
投　資　有　価　証　券	（	897,750）	I　株　主　資　本		
長　期　貸　付　金	（	80,000）	資　　本　　金	（	3,000,000）
繰　延　税　金　資　産	（	13,600）	資　本　剰　余　金	（	210,000）
固定資産合計	（	2,356,270）	利　益　剰　余　金	（	583,480）
			株主資本合計	（	3,793,480）
			II　非支配株主持分	（	359,040）
			純資産合計	（	4,152,520）
資　産　合　計	（	5,645,445）	負債・純資産合計	（	5,645,445）

連結損益計算書
自×4年4月1日　至×5年3月31日　　（単位：千円）

Ⅰ　売　　　上　　　高		（　　4,200,000　）
Ⅱ　売　　上　　原　　価		（❷　2,516,000　）
売　上　総　利　益		（　　1,684,000　）
Ⅲ　販売費及び一般管理費		
1．販売費及び一般管理費	（　　　1,222,060　）	
2．貸倒引当金繰入額	（❷　　　16,300　）	
3．減　価　償　却　費	（❷　　　22,500　）	
4．の　れ　ん　償　却　額	（　　　　3,840　）	（　　1,264,700　）
営　業　利　益		（　　　419,300　）
Ⅳ　営　業　外　収　益		（❷　　190,440　）
Ⅴ　営　業　外　費　用		（　　　235,080　）
税金等調整前当期純利益		（　　　374,660　）
法　人　税　等	（　　　168,000　）	
法人税等調整額	（　△　　9,000　）	（　　　159,000　）
当　期　純　利　益		（　　　215,660　）
非支配株主に帰属する当期純利益		（❷　　18,200　）
親会社株主に帰属する当期純利益		（　　　197,460　）

連結株主資本等変動計算書
自×4年4月1日　至×5年3月31日　　（単位：千円）

	株主資本			非支配株主持分
	資　本　金	資本剰余金	利益剰余金	
当　期　首　残　高	3,000,000	210,000	431,020	❷　344,840
配　　当　　金			△　45,000	
親会社株主に帰属する当期純利益			197,460	
株主資本以外の項目の当期変動額（純額）				14,200
当　期　末　残　高	3,000,000	210,000	❶　583,480	❷　359,040

（注）　該当する金額がない場合は何も記入しないこと。

●数字は採点基準　合計25点

212

解説

（以下、単位：千円）

1　S社資本の推移（タイムテーブル）

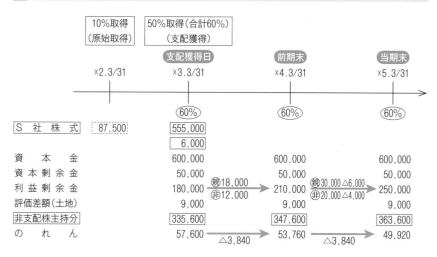

2　開始仕訳

(1)　支配獲得日（×3年3月31日）における修正消去仕訳

　　①　S社土地の評価替え 〜 全面時価評価法

（土　　　　　地）	15,000	（繰延税金負債）	6,000
		－S社－	
		（評　価　差　額）	9,000

B/S 土地：（600,000千円＋175,000千円）＋15,000千円＝790,000千円
　　　　　　　　　個別B/S合計　　　　　　　　　評価差額

　　繰延税金負債：15,000千円×40％＝6,000千円
　　　　　　　　　　　　　　実効税率

　　評価差額：15,000千円－6,000千円＝9,000千円

　　②　S社株式の評価替え

（S　社　株　式）	6,000	（利益剰余金当期首残高）	6,000
		段階取得に係る差益	

　　S社株式：561,000千円－555,000千円＝6,000千円
　　　　　　　　時価　　　　　帳簿価額

③　投資と資本の相殺消去

（資本金当期首残高）	600,000	（ S　社　株　式 ）	561,000
（資本剰余金当期首残高）	50,000	（非支配株主持分当期首残高）	335,600
（利益剰余金当期首残高）	180,000		
（評　価　差　額）	9,000		
（の　　れ　　ん）	57,600		

非支配株主持分当期首残高：

$$\underbrace{(600,000千円＋50,000千円＋180,000千円＋9,000千円)}_{839,000千円（S社資本）} × \underset{\substack{非支配株主\\持分割合}}{40\%} = 335,600千円$$

のれん：$\underbrace{(839,000千円×60\%（P社持分割合))}_{503,400千円（P社持分）} － 561,000千円 = △57,600千円　（借方）$

(2)　×3年度における修正消去仕訳

①　のれんの償却

（利益剰余金当期首残高） のれん償却額	3,840	（の　　れ　　ん）	3,840

のれん償却額：57,600千円÷15年＝3,840千円

②　利益剰余金増加額の非支配株主持分への振替え

（利益剰余金当期首残高） 非支配株主に帰属する当期純損益	12,000	（非支配株主持分当期首残高）	12,000

非支配株主に帰属する当期純損益：$(\underset{\substack{S社の×3年度末\\利益剰余金}}{210,000千円} － \underset{\substack{S社の×2年度末\\利益剰余金}}{180,000千円}) × \underset{\substack{非支配株主\\持分割合}}{40\%} = 12,000千円$

(3)　開始仕訳のまとめ　（(1)＋(2)）

（土　　　　　地）	15,000	（繰 延 税 金 負 債） －S社－	6,000
（資本金当期首残高）	600,000		
（資本剰余金当期首残高）	50,000	（ S　社　株　式 ）	555,000
（利益剰余金当期首残高）	189,840	（非支配株主持分当期首残高）	347,600
（の　　れ　　ん）	53,760		

3　当期（×4年度）における修正消去仕訳

(1)　のれんの償却

（の れ ん 償 却 額）	3,840	（の　　れ　　ん）	3,840

P/L　のれん償却額：57,600千円÷15年＝3,840千円

B/S　のれん：57,600千円－（3,840千円×2）＝49,920千円

(2) **当期純利益の非支配株主持分への振替え**

| (非支配株主に帰属する当期純損益) | 20,000 | (非支配株主持分当期変動額) | 20,000 |

非支配株主に帰属する当期純損益：50,000千円×40％＝20,000千円
 S社当期純利益　非支配株主
 持分割合

(3) **配当金の修正**

(営 業 外 収 益)	6,000	(配　当　金)	10,000
受取配当金			
(非支配株主持分当期変動額)	4,000		

P社受取配当金減額：10,000千円×60％＝6,000千円
 S社配当金　P社
 持分割合

非支配株主持分への振替え：10,000千円×40％＝4,000千円
 S社配当金　非支配株主
 持分割合

P/L 営業外収益：（147,840千円＋48,600千円）－6,000千円＝190,440千円

(4) **売上高と売上原価の相殺消去**

| (売　上　高) | 900,000 | (売 上 原 価) | 900,000 |

(5) **期首商品棚卸高の未実現利益の調整 ～ アップストリーム**

① 開始仕訳

(利益剰余金当期首残高)	14,000	(商　　品)	14,000
売上原価			
(繰 延 税 金 資 産)	5,600	(利益剰余金当期首残高)	5,600
－S社－		法人税等調整額	
(非支配株主持分当期首残高)	3,360	(利益剰余金当期首残高)	3,360
		非支配株主に帰属する当期純損益	

売上総利益率：$1 - \dfrac{972,000千円}{1,620,000千円} = 0.4$

繰延税金資産：35,000千円×0.4×40％＝5,600千円
 未実現利益＝一時差異　実効
 税率

非支配株主持分への振替え：（14,000千円－5,600千円）×40％＝3,360千円
 非支配株主
 持分割合

② 実現仕訳

（商　　　　　品）	14,000	（売　上　原　価）	14,000
（法人税等調整額）	5,600	（繰延税金資産）	5,600
		－ S社 －	
（非支配株主に帰属する当期純損益）	3,360	（非支配株主持分当期変動額）	3,360

③ まとめ

（利益剰余金当期首残高）	5,040	（売　上　原　価）	14,000
（法人税等調整額）	5,600		
（非支配株主に帰属する当期純損益）	3,360		
（非支配株主持分当期首残高）	3,360	（非支配株主持分当期変動額）	3,360

(6) 期末商品棚卸高の未実現利益の調整 ～ アップストリーム

（売　上　原　価）	22,000	（商　　　　　品）	22,000
（繰延税金資産）	8,800	（法人税等調整額）	8,800
		－ S社 －	
（非支配株主持分当期変動額）	5,280	（非支配株主に帰属する当期純損益）	5,280

未実現利益の調整：55,000千円×0.4＝22,000千円

　　　　　　　　　　売上
　　　　　　　総利益率　＝一時差異　　未実現利益

B/S 商品：（185,000千円＋96,000千円）－22,000千円＝259,000千円
　　　　　　　個別B/S合計　　　　　期末未実現利益
　　　　　　　　　　　　　　　　　　の調整

P/L 売上原価：（2,436,000千円＋972,000千円）－900,000千円－14,000千円＋22,000千円
　　　　　　　　　個別P/L合計　　　　　　　　　　　連結修正

　　＝2,516,000千円

繰延税金資産：22,000千円×40％＝8,800千円
　　　　　　　一時差異　　実効
　　　　　　　　　　　　　税率

非支配株主持分への振替え：（22,000千円－8,800千円）×40％＝5,280千円
　　　　　　　　　　　　　　　　　　　　　　　　　　　　　非支配株主
　　　　　　　　　　　　　　　　　　　　　　　　　　　　　持分割合

(7) 売掛金と買掛金の相殺消去

（買　　掛　　金）	150,000	（売　　掛　　金）	150,000

債権債務の相殺消去：150,000千円
　　　　　　　　　　当期末

B/S 売掛金：（648,000千円＋540,000千円）－150,000千円＝1,038,000千円
　　　　　　　個別B/S合計　　　　　　債権債務の
　　　　　　　　　　　　　　　　　　相殺消去

(8)　期首貸倒引当金の調整 ～ アップストリーム

①　開始仕訳

（貸　倒　引　当　金）	2,500	（利益剰余金当期首残高） 貸倒引当金繰入額	2,500
（利益剰余金当期首残高） 法人税等調整額	1,000	（繰 延 税 金 負 債） －S社－	1,000
（利益剰余金当期首残高） 非支配株主に帰属する当期純利益	600	（非支配株主持分当期首残高）	600

期首貸倒引当金の修正：125,000千円×2％＝2,500千円

　　　　　　　　　　　前期末残高　　　　　　一時差異

繰延税金負債：2,500千円×40％＝1,000千円

　　　　　　　一時差異　　実効
　　　　　　　　　　　　税率

非支配株主持分への振替え：（2,500千円－1,000千円）×40％＝600千円

　　　　　　　　　　　　　　　　　　　　　　　非支配株主
　　　　　　　　　　　　　　　　　　　　　　　持分割合

②　まとめ

（貸　倒　引　当　金）	2,500	（利益剰余金当期首残高）	900
		（繰 延 税 金 負 債） －S社－	1,000
		（非支配株主持分当期首残高）	600

(9)　期末貸倒引当金の調整 ～ アップストリーム

（貸　倒　引　当　金）	500	（貸倒引当金繰入額）	500
（法 人 税 等 調 整 額）	200	（繰 延 税 金 負 債） －S社－	200
（非支配株主に帰属する当期純損益）	120	（非支配株主持分当期変動額）	120

期末貸倒引当金の修正：150,000千円×2％－2,500千円＝500千円

　　　　　　　　　　　当期末残高　　　　　　　　　一時差異

繰延税金負債：500千円×40％＝200千円

　　　　　　　一時差異　実効税率

非支配株主持分への振替え：（500千円－200千円）×40％＝120千円

　　　　　　　　　　　　　　　　　　　　　　非支配株主
　　　　　　　　　　　　　　　　　　　　　　持分割合

B/S　貸倒引当金：（△12,960千円＋△10,800千円）－△3,000千円＝△20,760千円

　　　　　　　　　個別B/S合計　　　　　　　連結修正

P/L　貸倒引当金繰入額：（10,320千円＋6,480千円）－500千円＝16,300千円

　　　　　　　　　　　個別P/L合計　　　　　連結修正

⑽ **繰延税金資産と繰延税金負債の相殺**

① P社

繰延税金資産…8,400千円
　　　　　　　個別B/S

② S社

繰延税金資産…3,600千円 + 8,800千円 = 12,400千円
　　　　　　　個別B/S　　　　商品

繰延税金負債…6,000千円 + 1,200千円 = 7,200千円
　　　　　　　資産評価差額　貸倒引当金
　　　　　　　から生ずるもの

相　　　　殺…12,400千円 − 7,200千円 = 5,200千円
　　　　　　　　　　　　　　　　　　　　　繰延税金資産

③ 連結貸借対照表への表示額

8,400千円 + 5,200千円 = 13,600千円
　P社　　　　 S社　　　　　連結B/S
　　　　　　　　　　　　　　 繰延税金資産

S/S 非支配株主持分当期首残高：347,600千円 − 3,360千円 + 600千円 = 344,840千円
　　　　　　　　　　　　　　 開始仕訳　　　　 期首商品　　 期首貸倒
　　　　　　　　　　　　　　　　　　　　　　　　　　　　　 引当金

S/S 非支配株主持分当期変動額：20,000千円 − 4,000千円 + 3,360千円 − 5,280千円
　　　　　　　　　　　　　　 当期純利益　　 受取配当金　　 未実現利益の調整(商品)

　　　　　　　　　　　　　　 + 120千円 = 14,200千円
　　　　　　　　　　　　　　 貸倒引当金の修正

S/S 非支配株主持分当期末残高：344,840千円 + 14,200千円 = 359,040千円
　　　　　　　　　　　　　　 非支配株主持分　 非支配株主持分
　　　　　　　　　　　　　　 当期首残高　　　 当期変動額

S/S 利益剰余金当期首残高：(415,000千円 + 210,000千円) − 189,840千円 − 5,040千円
　　　　　　　　　　　　　 個別S/S合計　　　　　　　　　 開始仕訳　　　 期首商品

　　　　　　　　　　　　　 + 900千円 = 431,020千円
　　　　　　　　　　　　　 期首
　　　　　　　　　　　　　 貸倒引当金

S/S 利益剰余金当期末残高：431,020千円 − 45,000千円 + 197,460千円 = 583,480千円
　　　　　　　　　　　　　 利益剰余金　　　 配当金　　　　 親会社株主に帰属
　　　　　　　　　　　　　 当期首残高　　　　　　　　　　 する当期純利益

4 連結精算表

損 益 計 算 書

表示科目	個 別 財 務 諸 表			修 正 消 去 仕 訳		連結財務諸表
	P 社	S 社	合 計			
売 上 高	(3,480,000)	(1,620,000)	(5,100,000)	900,000		(4,200,000)
売 上 原 価	2,436,000	972,000	3,408,000	22,000	900,000 14,000	2,516,000
販売費及び一般管理費	700,920	521,140	1,222,060			1,222,060
貸倒引当金繰入額	10,320	6,480	16,800		500	16,300
減 価 償 却 費	15,000	7,500	22,500			22,500
の れ ん 償 却 額	–	–	–	3,840		3,840
営 業 外 収 益	(147,840)	(48,600)	(196,440)	6,000		(190,440)
営 業 外 費 用	158,400	76,680	235,080			235,080
法 人 税 等	132,000	36,000	168,000			168,000
法 人 税 等 調 整 額	(4,800)	(1,200)	(6,000)	5,600 200	8,800	(9,000)
非支配株主に帰属する当期純利益	–	–	–	20,000 3,360 120	5,280	18,200
親会社株主に帰属する当期純利益	(180,000)	(50,000)	(230,000)	961,120	928,580	(197,460)

株主資本等変動計算書

（単位：千円）

表示科目	個 別 財 務 諸 表			修 正 消 去 仕 訳		連結財務諸表
	P 社	S 社	合 計			
資本金当期首残高	(3,000,000)	(600,000)	(3,600,000)	600,000		(3,000,000)
資本金当期末残高	(3,000,000)	(600,000)	(3,600,000)	600,000		(3,000,000)
資本剰余金当期首残高	(210,000)	(50,000)	(260,000)	50,000		(210,000)
資本剰余金当期末残高	(210,000)	(50,000)	(260,000)	50,000		(210,000)
利益剰余金当期首残高	(415,000)	(210,000)	(625,000)	189,840 5,040	900	(431,020)
配 当 金	45,000	10,000	55,000		10,000	45,000
親会社株主に帰属する当期純利益	(180,000)	(50,000)	(230,000)	961,120	928,580	(197,460)
利益剰余金当期末残高	(550,000)	(250,000)	(800,000)	1,156,000	939,480	(583,480)
非支配株主持分当期首残高				3,360	347,600 600	(344,840)
非支配株主持分当期変動額	–	–	–	4,000 5,280	20,000 3,360 120	(14,200)
非支配株主持分当期末残高	–	–	–	12,640	371,680	(359,040)

$$\text{貸 借 対 照 表}$$

（単位：千円）

表示科目	個別財務諸表 P 社	S 社	合 計	修 正 消 去 仕 訳		連結財務諸表
現 金 預 金	855,000	793,200	1,648,200			1,648,200
売 掛 金	648,000	540,000	1,188,000		150,000	1,038,000
貸 倒 引 当 金	(12,960)	(10,800)	(23,760)	2,500 500		(20,760)
商 品	185,000	96,000	281,000		22,000	259,000
未 収 収 益	6,600	4,800	11,400			11,400
その他の流動資産	221,210	132,125	353,335			353,335
建 物	500,000	250,000	750,000			750,000
減価償却累計額	(180,000)	(45,000)	(225,000)			(225,000)
土 地	600,000	175,000	775,000	15,000		790,000
の れ ん	－	－	－	53,760	3,840	49,920
投 資 有 価 証 券	897,750	－	897,750			897,750
S 社 株 式	555,000	－	555,000		555,000	－
長 期 貸 付 金	75,000	5,000	80,000			80,000
繰 延 税 金 資 産	8,400	3,600	12,000	8,800		20,800
合 計	4,359,000	1,943,925	6,302,925	80,560	730,840	5,652,645
買 掛 金	(389,000)	(228,000)	(617,000)	150,000		(467,000)
未 払 費 用	(4,800)	(5,160)	(9,960)			(9,960)
未 払 法 人 税 等	(72,000)	(20,400)	(92,400)			(92,400)
その他の流動負債	(13,200)	(12,240)	(25,440)			(25,440)
社 債	－	(718,125)	(718,125)			(718,125)
長 期 借 入 金	(120,000)	(60,000)	(180,000)			(180,000)
繰 延 税 金 負 債	－	－	－		6,000 1,000 200	(7,200)
資 本 金	(3,000,000)	(600,000)	(3,600,000)	600,000		(3,000,000)
資 本 剰 余 金	(210,000)	(50,000)	(260,000)	50,000		(210,000)
利 益 剰 余 金	(550,000)	(250,000)	(800,000)	1,156,000	939,480	(583,480)
非 支 配 株 主 持 分				12,640	371,680	(359,040)
合 計	(4,359,000)	(1,943,925)	(6,302,925)	1,968,640	1,318,360	(5,652,645)

会計学

解答

第1問

(1)	(2)	(3)	(4)
時価	継続	取得原価	減損損失
(5)	(6)	(7)	
割引前	帳簿価額	下回る	各❶

第2問

問1　P社およびS社の個別キャッシュ・フロー計算書

個別キャッシュ・フロー計算書　　　（単位：千円）

	P　社	S　社
Ⅰ　営業活動によるキャッシュ・フロー		
営　業　収　入	(❷　　90,000)	(　　　36,000)
商　品　の　仕　入　支　出	(　△　53,640)	(　△　18,360)
人　件　費　支　出	(　△　14,400)	(　△　5,400)
そ　の　他　の　営　業　支　出	(　△　7,200)	(　△　2,700)
小　　　計	(　　14,760)	(❷　　9,540)
利　息　及　び　配　当　金　の　受　取　額	(　　　1,377)	(　　　558)
利　息　の　支　払　額	(　△　342)	(　△　171)
法　人　税　等　の　支　払　額	(　△　5,760)	(　△　2,700)
営業活動によるキャッシュ・フロー	(❷　　10,035)	(　　　7,227)

問2　連結損益計算書および連結キャッシュ・フロー計算書に計上される各金額

税金等調整前当期純利益の金額	❷	20,502　千円
利息及び配当金の受取額の金額	❶	711　千円
営業活動によるキャッシュ・フローの金額	❶	16,182　千円

第3問

問1	(1)	❶	0.75	
	(2)	❶	3,000	株
	(3)	❶	330	千円
問2	(1)	❶	1,530	千円
	(2)	❶	330	千円
問3	(1)	❶	3,000	千円
	(2)	❶	1,530	千円
	(3)	❶	330	千円

●数字は採点基準　合計25点

解説

　会計学の問題です。第1問は空欄記入問題、第2問は（連結）キャッシュ・フロー計算書、第3問は企業結合に関する問題です。キャッシュ・フロー計算書は、個別と連結を問う問題です。連結損益計算書と連結キャッシュ・フロー計算書の修正仕訳を混同しないように注意しましょう。企業結合では、吸収合併、株式交換、株式移転の基本部分を出題しています。それぞれの取引をイメージできるようになりましょう。

第1問　空欄記入問題

1．事業分離

┌─「事業分離等に関する会計基準10」─────────────────────

　移転した事業に関する投資が清算されたとみる場合には、その事業を分離先企業に移転したことにより受け取った対価となる財の（**時価**）と、移転した事業に係る株主資本相当額との差額を移転損益として認識するとともに、改めて当該受取対価の（**時価**）にて投資を行ったものとする。

　これに対し、移転した事業に関する投資が（**継続**）しているとみる場合には、移転損益を認識せず、その事業を分離先企業に移転したことにより受け取る資産の（**取得原価**）は、移転した事業に係る株主資本相当額にもとづいて算定するものとする。

└──

２．減損会計（減損損失の認識）

┌─「固定資産の減損に係る会計基準　二・２・⑴」────────

　　減損の兆候がある資産または資産グループについての（**減損損失**）を認識する
かどうかの判定は、資産または資産グループから得られる（**割引前**）将来キャッ
シュ・フローの総額と（**帳簿価額**）を比較することによって行い、資産または資
産グループから得られる（**割引前**）将来キャッシュ・フローの総額が（**帳簿価額**）
を（**下回る**）場合には（**減損損失**）を認識する。

第2問　キャッシュ・フロー計算書
問1　個別キャッシュ・フロー計算書の作成
１．個別キャッシュ・フロー計算書

（単位：千円）

	P　社	S　社	
I　営業活動によるＣＦ			
営　業　収　入	90,000	36,000	
商品の仕入支出	△　53,640	△　18,360	
人　件　費　支　出	△　14,400	△　5,400	←P/L給料
その他の営業支出	△　7,200	△　2,700	←P/Lその他の営業費
小　　計	14,760	9,540	
利息及び配当金の受取額	1,377	558	
利　息　の　支　払　額	△　342	△　171	
法人税等の支払額	△　5,760	△　2,700	
営業活動によるＣＦ	10,035	7,227	

（注）　人件費およびその他の営業費に係る前払いおよび未払いがないため、P/L給料
　　およびP/Lその他の営業費が、そのままC/S人件費支出およびC/Sその他の営業
　　支出になります。

２．営業活動によるキャッシュ・フローに関連する各勘定（単位：千円）

P社　　売掛金・受取手形

前 期 末	16,200	営業収入	90,000
		（貸借差額）	
売　　上	91,800	当 期 末	18,000

S社　　売掛金・受取手形

前 期 末	5,400	営業収入	36,000
		（貸借差額）	
売　　上	35,640	当 期 末	5,040

P社　　売　上　原　価

期首商品	2,160	売上原価	54,000
当期仕入	54,540		
（貸借差額）		期末商品	2,700

S社　　売　上　原　価

期首商品	1,620	売上原価	18,000
当期仕入	18,180		
（貸借差額）		期末商品	1,800

P社　　買掛金・支払手形

仕入支出	53,640	前 期 末	8,100
（貸借差額）			
当 期 末	9,000	当期仕入	54,540

S社　　買掛金・支払手形

仕入支出	18,360	前 期 末	2,520
（貸借差額）			
当 期 末	2,340	当期仕入	18,180

P社　　受　取　利　息

期首未収	54	当期受取額	297
		（貸借差額）	
受取利息	324	期末未収	81

S社　　受　取　利　息

期首未収	63	当期受取額	198
		（貸借差額）	
受取利息	180	期末未収	45

∴　P社利息及び配当金の受取額：297千円＋1,080千円＝1,377千円
　　　　　　　　　　　　　　　　　受取配当金

∴　S社利息及び配当金の受取額：198千円＋360千円＝558千円
　　　　　　　　　　　　　　　　　受取配当金

P社　　支　払　利　息

当期支払額	342	期首未払	72
（貸借差額）			
期末未払	90	支払利息	360

S社　　支　払　利　息

当期支払額	171	期首未払	36
（貸借差額）			
期末未払	45	支払利息	180

P社　　法　人　税　等

当期支払額	5,760	期首未払	2,340
（貸借差額）			
期末未払	2,700	法人税等	6,120

S社　　法　人　税　等

当期支払額	2,700	期首未払	1,260
（貸借差額）			
期末未払	1,620	法人税等	3,060

問2 連結損益計算書および連結キャッシュ・フロー計算書

1. 連結損益計算書（税金等調整前当期純利益）

連結損益計算書作成上関係のない仕訳は省略しています。

(1) 連結修正仕訳

① 売上高と売上原価の相殺

（売 上 高）	9,000	（売 上 原 価）	9,000

② 期首商品棚卸高

(A) 開始仕訳

（利益剰余金当期首残高）	72	（商 品）	72

利益剰余金当期首残高：360千円×20％＝72千円

(B) 実現仕訳

（商 品）	72	（売 上 原 価）	72

(C) (A)と(B)の要約仕訳

（利益剰余金当期首残高）	72	（売 上 原 価）	72

③ 期末商品棚卸高

（売 上 原 価）	90	（商 品）	90

売上原価：450千円×20％＝90千円

④ 配当金の修正

（受 取 配 当 金）	1,080	（配 当 金）	1,080

⑤ 利息の修正

（受 取 利 息）	144	（支 払 利 息）	144

(2) 連結損益計算書

（単位：千円）

科 目	個 別 損 益 計 算 書 P 社	S 社	合 計	修 正 消 去 仕 訳 借 方	貸 方	連 結 損益計算書
売 上 高	91,800	35,640	127,440	9,000		118,440
売 上 原 価	△ 54,000	△ 18,000	△ 72,000	90	9,000 72	△ 63,018
給 料	△ 14,400	△ 5,400	△ 19,800			△ 19,800
その他の営業費	△ 7,200	△ 2,700	△ 9,900			△ 9,900
減 価 償 却 費	△ 2,844	△ 2,700	△ 5,544			△ 5,544
受 取 配 当 金	1,080	360	1,440	1,080		360
受 取 利 息	324	180	504	144		360
支 払 利 息	△ 360	△ 180	△ 540		144	△ 396
税金等調整前当期純利益	14,400	7,200	21,600	10,314	9,216	20,502

(参 考)

　　連結損益計算書に計上する「税金等調整前当期純利益」は、以下のように計算することもできます。

Ｐ社税引前当期純利益	14,400千円	←6,120千円＋8,280千円
		法人税等　　当期純利益
Ｓ社税引前当期純利益	7,200千円	←3,060千円＋4,140千円
		法人税等　　当期純利益
期首商品未実現利益　＋	72千円	←360千円×20％
期末商品未実現利益　△	90千円	←450千円×20％
受取配当金の修正額　△	1,080千円	
税金等調整前当期純利益	20,502千円	

２．連結キャッシュ・フロー計算書

(1) 営業収入と商品の仕入支出の相殺（単位：千円）

（営 業 収 入）	9,072	（商品の仕入支出）	9,072

Ｐ社　　　　　売掛金・受取手形

前 期 末	1,656	営業収入	9,072
		（貸借差額）	
売　　　上	9,000	当 期 末	1,584

Ｓ社　　　　　買掛金・支払手形

仕入支出	9,072	前 期 末	1,656
（貸借差額）			
当 期 末	1,584	当期仕入	9,000

(2) 利息及び配当金の受取額（配当金の受取額）と配当金の支払額の相殺

（利息及び配当金の受取額）	1,080	（配当金の支払額）	1,080

(3) 利息及び配当金の受取額（利息の受取額）と利息の支払額の相殺

（利息及び配当金の受取額）	144	（利息の支払額）	144

(4) 連結キャッシュ・フロー計算書

（単位：千円）

科　目	個別キャッシュ・フロー計算書 Ｐ社	Ｓ社	合計	修正消去 借方	貸方	連結Ｃ/Ｓ
営 業 収 入	90,000	36,000	126,000	9,072		116,928
商 品 の 仕 入 支 出	△ 53,640	△ 18,360	△ 72,000		9,072	△ 62,928
人 件 費 支 出	△ 14,400	△ 5,400	△ 19,800			△ 19,800
その他の営業支出	△ 7,200	△ 2,700	△ 9,900			△ 9,900
小　計	14,760	9,540	24,300	9,072	9,072	24,300
利息及び配当金の受取額	1,377	558	1,935	1,080 144		711
利 息 の 支 払 額	△ 342	△ 171	△ 513		144	△ 369
法人税等の支払額	△ 5,760	△ 2,700	△ 8,460			△ 8,460
営業活動によるＣＦ	10,035	7,227	17,262	10,296	9,216	16,182

（参　考）

連結キャッシュ・フロー計算書に計上する「営業活動によるキャッシュ・フロー」は、以下のように計算することもできます。

$$\underset{\substack{\text{P社の営業活}\\\text{動によるCF}}}{10,035\text{千円}} + \underset{\substack{\text{S社の営業活}\\\text{動によるCF}}}{7,227\text{千円}} - \underset{\substack{\text{配当金の}\\\text{受取額}}}{1,080\text{千円}} = 16,182\text{千円}$$

第3問　企業結合

問1　吸収合併

(1) 合併比率

① A社の企業評価額

$$(3,600\text{千円} + \underset{\substack{\text{5,400千円（収益還元価値）}}}{3,600\text{千円} \times 12\% \div 8\%}) \div 2 = 4,500\text{千円}$$

（時価による純資産額）

② B社の企業評価額

$$(1,200\text{千円} + \underset{\substack{\text{1,500千円（収益還元価値）}}}{1,200\text{千円} \times 10\% \div 8\%}) \div 2 = 1,350\text{千円}$$

（時価による純資産額）

③ 合併比率

$$\frac{1,350\text{千円} \div 4,000\text{株}}{4,500\text{千円} \div 10,000\text{株}} = \frac{@337.5\text{円}\text{（B社の1株あたり企業評価額）}}{@450\text{円}\text{（A社の1株あたり企業評価額）}} = 0.75$$

(2) 交付株式数（A社株式）

$$\underset{\substack{\text{B社の}\\\text{発行済}\\\text{株式総数}}}{4,000\text{株}} \times \underset{\substack{\text{合併比率}}}{0.75} = 3,000\text{株}$$

(3) のれん

① B社の取得原価＝交付するA社株式の市場価格

$$\underset{\substack{\text{A社株式の}\\\text{市場価格}}}{@510\text{円}} \times \underset{\substack{\text{A社株式の}\\\text{交付株式数}}}{3,000\text{株}} = 1,530\text{千円}$$

② のれん

$$\underset{\substack{\text{B社の}\\\text{取得原価}}}{1,530\text{千円}} - \underset{\substack{\text{B社の時価}\\\text{による純資産額}}}{1,200\text{千円}} = 330\text{千円}$$

（参　考）A社の合併引継仕訳

（諸　　資　　産）×××	（諸　　負　　債）×××
時価による純資産額 1,200	（資本金など）1,530
（の　　れ　　ん）∴ 330	

問2　株式交換

(1) **B社株式（子会社株式）の取得原価＝交付するA社株式の市場価格**

@510円×3,000株＝1,530千円
A社株式の　　A社株式の
市場価格　　交付株式数

（参　考）A社のB社株式取得時の仕訳

（B　社　株　式）∴1,530	（資本金など）1,530

(2) **連結貸借対照表ののれん**

1,530千円－1,200千円＝330千円
B社株式の　　B社の時価
取得原価　　による純資産額

（参　考）連結修正消去仕訳（投資と資本の相殺消去）

（資本金など）1,200	（B　社　株　式）1,530
（の　　れ　　ん）　 330	

問3　株式移転

(1) **A社株式（子会社株式）の取得原価＝A社の適正な帳簿価額による純資産額**

（注）　A社は取得企業なので、A社株式の取得原価はA社の適正な帳簿価額による純資産額となります。

A社株式の取得原価：3,000千円

（参　考）C社のA社株式取得時の仕訳

（A　社　株　式）3,000	（資本金など）3,000

(2) **B社株式の取得原価＝交付するC社株式の市場価格（＝A社株式の市場価格）**
子会社株式

(注) B社は被取得企業となるため、B社株式の取得原価は取得の対価となる財の時価（C社株式の市場価格）にもとづいて算定されますが、株式移転時にはC社が新設されたばかりであるため、C社株式の市場価格は存在しません。したがって、取得の対価となる財の時価はB社株主がC社に対する実際の議決権比率と同じ比率を保有するのに必要な数のA社株式をA社が交付したとみなして算定します。なお、本問のように取得企業となるA社の株式1株につきC社株式1株の割合で交付する場合には、実質的にC社株式の価値はA社株式の価値にもとづいて算定されます。

@510円×3,000株＝1,530千円
A社株式の　交付株式数
市場価格

（参　考）C社のB社株式取得時の仕訳

（B　社　株　式）	1,530	（資本金など）	1,530

(3) **連結貸借対照表ののれん**

① C社とA社の連結

3,000千円－3,000千円＝0
A社株式の　A社の適正な　のれんは生じない
取得原価　帳簿価額による
純資産額

（参　考）連結修正消去仕訳（投資と資本の相殺消去：A社分）

（資本金など）	3,000	（A　社　株　式）	3,000

② C社とB社の連結

1,530千円－1,200千円＝330千円
B社株式の　B社の時価
取得原価　による純資産額

（参　考）連結修正消去仕訳（投資と資本の相殺消去：B社分）

（資本金など）	1,200	（B　社　株　式）	1,530
（の　れ　ん）	330		

商業簿記

解答

本支店合併損益計算書
自×1年4月1日　至×2年3月31日　　　（単位：千円）

Ⅰ　売　　上　　高		(❷　550,000)
Ⅱ　売　上　原　価		
1．期首商品棚卸高	(　　32,900)	
2．当期商品仕入高	(　331,500)	
合　　　　計	(　364,400)	
3．期末商品棚卸高	(❷　44,400)	(　320,000)
売上総利益		(　230,000)
Ⅲ　販売費及び一般管理費		
1．販売費・管理費	(❷　179,166)	
2．貸倒引当金繰入	(　　　340)	
3．減価償却費	(❷　17,075)	(　196,581)
営業利益		(　33,419)
Ⅳ　営業外収益		
1．受取利息配当金	(　　　700)	
2．有価証券利息	(　　　957)	
3．(為　替　差　益)	(❷　5,034)	(　6,691)
Ⅴ　営業外費用		
1．貸倒引当金繰入	(　　20,400)	
2．(有価証券評価損)	(　　　710)	(　21,110)
経常利益		(　19,000)
Ⅵ　特　別　損　失		
1．(子会社株式評価損)		(❷　9,000)
当期純利益		(　10,000)

本支店合併貸借対照表
×2年3月31日現在
(単位：千円)

借方		貸方	
現 金 預 金 （ 138,063 ）		買 掛 金 （❷ 43,550 ）	
受 取 手 形 12,000		未 払 費 用 （ 900 ）	
売 掛 金 15,000		資 本 金 400,000	
貸 倒 引 当 金 （❷△ 540 ）		資 本 準 備 金 30,000	
有 価 証 券 （❷ 40,290 ）		利 益 準 備 金 20,000	
商 品 （ 44,400 ）		繰 越 利 益 剰 余 金 （❶ 13,000 ）	
前 払 費 用 （ 1,200 ）			
未 収 収 益 （ 48 ）			
建 物 50,000			
減価償却累計額 （ △ 24,750 ）			
備 品 （ 102,000 ）			
減価償却累計額 （❷△ 27,525 ）			
機 械 40,000			
減価償却累計額 （❷△ 17,000 ）			
減損損失累計額 （ △ 5,000 ）			
土 地 100,000			
投 資 有 価 証 券 （❷ 21,804 ）			
子 会 社 株 式 （ 7,860 ）			
破 産 更 生 債 権 等 （ 30,000 ）			
貸 倒 引 当 金 （ △ 20,400 ）			
合 計 （ 507,450 ）		合 計 （ 507,450 ）	

●数字は採点基準　合計25点

解説

　本支店会計の総合問題の出題パターンは限られているため、本問だけでなく、過去問題等でも演習しましょう（以下、単位：千円）。

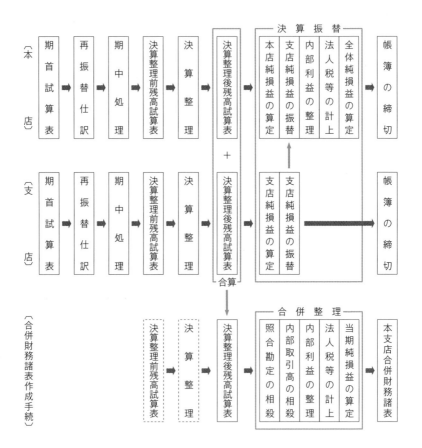

1 支店の財務諸表項目の換算 (支店)

科 目	円換算前(単位：千ドル)		換算レート	円換算後 (単位：千円)	
	借 方	貸 方		借 方	貸 方
〔貸借対照表〕					
現 金 預 金	900		79円（CR）	71,100	
商 品	250		下記	20,000	
備 品	800		90円（HR）	72,000	
備品減価償却累計額	△ 160		90円（HR）	△ 14,400	
買 掛 金		250	79円（CR）		19,750
本 店		1,040	下記		82,500
当 期 純 利 益		500	貸借差額		46,450
計	1,790	1,790		148,700	148,700
〔損益計算書〕					
売 上		2,800	80円（AR）		224,000
本 店 売 上		900	下記		74,000
売 上 原 価	1,750		下記	140,400	
販売費・管理費	1,370		80円（AR）	109,600	
減 価 償 却 費	80		90円（HR）	7,200	
当 期 純 利 益	500		B/Sより	46,450	
為 替 差 益			貸借差額		5,650
計	3,700	3,700		303,650	303,650

原価ボックス（支店）

期 首 商 品 棚 卸 高	16,400	売 上 原 価 （貸 借 差 額）	140,400
当 期 商 品 仕 入 高	144,000	期 末 商 品 棚 卸 高	20,000

期首商品棚卸高：200千ドル×@82円＝16,400千円

当期商品仕入高：1,800千ドル×@80円＝144,000千円

期末商品棚卸高（商品）：250千ドル×@80円＝20,000千円

売上原価：貸借差額

本店：本店の「支店」勘定より

本店売上：本店の「支店仕入」より

B/S 現金預金：66,963千円 ＋ 71,100千円 ＝ 138,063千円

　　　　　　　　本店　　　　　支店

P/L 売上高：326,000千円 ＋ 224,000千円 ＝ 550,000千円

　　　　　　本店　　　　　支店

模擬試験

第6回 商業簿記

2 売上原価の計算（本店・支店）

原価ボックス　　　　　　　　　　　　（単位：千円）

期首商品棚卸高		売上原価	320,000
本店T/B繰越商品	18,000	（貸借差額）	
支店の期首商品	16,400		
本店T/B繰延内部利益	△ 1,500		
P/L 期首商品棚卸高	32,900		
当期商品仕入高		期末商品棚卸高	
本店T/B仕入	187,500	本店期末商品	26,900
支店の当期仕入	144,000	支店の期末商品	20,000
P/L 当期商品仕入高	331,500	期末内部利益	△ 2,500*
		P/L 期末商品棚卸高&B/S 商品	44,400

$$* \quad 12,500千円 \times \frac{0.25}{1.25} = 2,500千円$$
本店期末商品の
うち支店仕入分

3 一般債権に対する貸倒引当金（本店）

（貸倒引当金繰入）	340	（貸倒引当金）	340
販売費及び一般管理費			

B/S　貸倒引当金：（12,000千円＋15,000千円）× 2 ％＝540千円
　　　　　　　　　　　T/B受取手形　　T/B売掛金

前T/B　貸倒引当金：………………………………… 200千円

P/L　貸倒引当金繰入：………………………… （差引）340千円

4 破産更生債権等に対する貸倒引当金（本店）

（破産更生債権等）	30,000	（長期貸付金）	30,000
（貸倒引当金繰入）	20,400	（貸倒引当金）	20,400
営業外費用			

B/S　貸倒引当金& P/L　貸倒引当金繰入：30,000千円－9,600千円＝20,400千円
　　　　　　　　　　　　　　　　　　　T/B長期貸付金　　担保

5 有価証券（本店）

(1) B社株式 → 売買目的有価証券（有価証券）

① 評価替え → 時価評価

（有価証券評価損）	710	（有価証券）	710

P/L　有価証券評価損：510千ドル×@79円－500千ドル×@82円＝△710千円
　　　　　　　　　　　円貨による時価　　　　　円貨による原価

234

B/S 有価証券：510千ドル×@79円＝40,290千円

(2) C社株式 → 子会社株式

① 科目の振替え

（子 会 社 株 式）	16,860	（有 価 証 券）	16,860

② 評価替え → 実価法

（子会社株式評価損）	9,000	（子 会 社 株 式）	9,000

B/S 子会社株式：13,100千円×60％＝7,860千円（実質価額）

P/L 子会社株式評価損：7,860千円－16,860千円＝△9,000千円

　　　　　　　　　　　　　　取得原価

(3) D社社債 → 満期保有目的債券（投資有価証券）

① 科目の振替え

（投 資 有 価 証 券）	22,140	（有 価 証 券）	22,140

投資有価証券：270千ドル×@82円＝22,140千円

② 評価替え → 償却原価法（定額法）＋換算替え

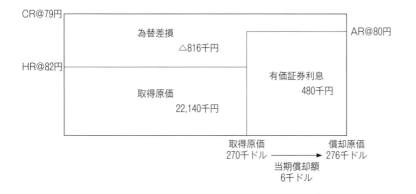

（投 資 有 価 証 券）	480	（有 価 証 券 利 息）	480
（為　替　差　損）	816	（投 資 有 価 証 券）	816

当期償却額：$(300千ドル－270千ドル)×\dfrac{12か月（×1年4月～×2年3月）}{60か月（×1年4月～×6年3月）}=6千ドル$

有価証券利息 （償却額）：6千ドル×@80円＝480千円

B/S 投資有価証券：（270千ドル＋6千ドル）×@79円＝21,804千円

　　　　　　　　　　当期末償却原価

P/L 有価証券利息：477千円＋480千円＝957千円

　　　　　　　　前T/B　当期償却額

為替差損：21,804千円 − (22,140千円 + 480千円) = △816千円
　　　　　　　　　　　　　取得原価　　　償却額

6　買掛金の換算替え（本店）

（買　　掛　　金）	200	（為　替　差　益）	200

為替差益：16,000千円 − 200千ドル × @79円 = 200千円
　　　　　　　　　　　　　換算後買掛金

B/S　買掛金：24,000千円 − 200千円 + 19,750千円 = 43,550千円
　　　　　　　　本店　　　　　　　　　支店

P/L　為替差益：5,650千円 − 816千円 + 200千円 = 5,034千円
　　　　　　　　支店

7　固定資産（本店）

(1)　建物の減価償却

（減　価　償　却　費）	2,250	（建物減価償却累計額）	2,250

減価償却費：50,000千円 × 0.9 ÷ 20年 = 2,250千円

B/S　減価償却累計額 (建物)：22,500千円 + 2,250千円 = 24,750千円
　　　　　　　　　　　　　　前T/B

(2)　備品の減価償却

（減　価　償　却　費）	5,625	（備品減価償却累計額）	5,625

減価償却費：(30,000千円 − 7,500千円) × 25% = 5,625千円

B/S　備品：30,000千円 + 72,000千円 = 102,000千円
　　　　　　　本店　　　　　支店

B/S　減価償却累計額 (備品)：7,500千円 + 5,625千円 + 14,400千円 = 27,525千円
　　　　　　　　　　　　　　　本店　　　　　　　　　　支店

(3)　機　械

①　前期末における減損処理（前期の仕訳）

（減　損　損　失）	5,000	（機械減損損失累計額）	5,000

前T/B　機械減損損失累計額：20,000千円 > 19,000千円　∴　回収可能額20,000千円
　　　　　　　　　　　　　　使用価値　　　正味売却価額

(40,000千円 − 15,000千円) − 20,000千円 = 5,000千円
　取得原価　　減価償却累計額

②　減価償却

（減　価　償　却　費）	2,000	（機械減価償却累計額）	2,000

減価償却費：(40,000千円 − 15,000千円 − 5,000千円) ÷ 10年 = 2,000千円
　　　　　　　　　　　減価償却累計額 減損損失累計額

B/S　減価償却累計額 (機械)：15,000千円 + 2,000千円 = 17,000千円
　　　　　　　　　　　　　　前T/B

P/L　減価償却費：2,250千円 + 5,625千円 + 2,000千円 + 7,200千円 = 17,075千円
　　　　　　　　　　　　本店　　　　　　　　　　　　　支店

8 経過勘定の計上（本店）

（前　払　費　用）	1,200	（販売費・管理費）	1,200
（販売費・管理費）	900	（未　払　費　用）	900
（未　収　収　益）	48	（受取利息配当金）	48

P/L 販売費・管理費：69,866千円 − 1,200千円 + 900千円 + 109,600千円 = 179,166千円
　　　　　　　　　　　　　　　　本店　　　　　　　　　　支店

P/L 受取利息配当金：652千円 + 48千円 = 700千円
　　　　　　　　　前T/B

9 繰越利益剰余金

B/S 繰越利益剰余金：3,000千円 + 10,000千円 = 13,000千円
　　　　　　　　　　前T/B　　　P/L当期純利益

会計学

 解答

第1問

(1)	持分法
(2)	20
(3)	重要性
(4)	財務活動によるキャッシュ・フロー
(5)	期中平均相場

各❶

第2問

問1	1,184,400　千円
問2	△120,000　千円
問3	70,560　千円
問4	1,227,840　千円
問5	△500,640　千円

各❷

第3問

問1		6,200　千円	❶
問2	×2年度末	24,900　千円	❶
	×3年度末	25,000　千円	❷
問3	×2年度（借 または 貸）	20　千円	❶
	×3年度（ 借 または 貸）	460　千円	❷
問4	×2年度（ 借 または 貸）	288　千円	❶
	×3年度（借 または 貸）	48　千円	❷

●数字は採点基準　合計25点

解説

　会計学の問題です。第1問は空欄記入問題、第2問は在外子会社に関する問題、第3問は持分法に関する問題を出題しています。在外子会社は日商簿記1級の出題範囲の中でも難易度の高い論点なので、しっかりとした対策が必要です。また、持分法は商業簿記でも出題される重要度の高い論点であるため、本問を通じてその処理方法を再度確認してください。　　　　　　　　　　　　　　　（以下、単位：千円）

第1問　空欄記入問題

1．持分法の適用範囲

「持分法に関する会計基準」6

　非連結子会社及び関連会社に対する投資については、原則として（**持分法**）を適用する。ただし、（**持分法**）の適用により、連結財務諸表に重要な影響を与えない場合には、（**持分法**）の適用会社としないことができる。

2．のれんの償却

「企業結合に関する会計基準」32

　のれんは、資産に計上し、（**20**）年以内のその効果の及ぶ期間にわたって、定額法その他の合理的な方法により規則的に償却する。ただし、のれんの金額に（**重要性**）が乏しい場合には、当該のれんが生じた事業年度の費用として処理することができる。

3．支払配当金に係るキャッシュ・フローの表示方法

　キャッシュ・フロー計算書上、支払配当金は（**財務活動によるキャッシュ・フロー**）の区分に記載する。

「連結キャッシュ・フロー計算書等の作成基準　第二・二・3」

　利息及び配当金に係るキャッシュ・フローは、次のいずれかの方法により記載する。

①　受取利息、受取配当金及び支払利息は「営業活動によるキャッシュ・フロー」の区分に記載し、支払配当金は「**財務活動によるキャッシュ・フロー**」の区分に記載する方法

②　受取利息及び受取配当金は「投資活動によるキャッシュ・フロー」の区分に記載し、支払利息及び支払配当金は「**財務活動によるキャッシュ・フロー**」の区分に記載する方法

4．外貨建金銭債権債務及び外貨建債券

> **「外貨建取引等会計処理基準注解　注9」**
>
> 外貨建金銭債権債務及び外貨建債券について償却原価法を適用する場合における償却額は、外国通貨による償却額を（**期中平均相場**）により円換算した額による。

第2問　在外子会社の円換算

在外子会社に関する問題です。適用する為替相場に気をつけながら、換算してください。

(1) 損益計算書

在外子会社の円換算は損益計算書から換算します。損益計算書では原則としてARで換算しますが、本問では親会社P社への売上高については円換算された金額が与えられています。

科　　目	円換算前（千ドル）		換算為替相場	円換算後（千円）	
	借　方	貸　方		借　方	貸　方
P社への売上高		30,000	取引時HR		2,940,000*2
その他の売上高		90,000*1	当期AR@94円		8,460,000
売 上 原 価	84,000		当期AR@94円	7,896,000	
減 価 償 却 費	2,400		当期AR@94円	225,600	
諸 　費 　用	21,000		当期AR@94円	1,974,000	
為 替 差 損 益			貸 借 差 額 問2	120,000	
当 期 純 利 益	12,600		当期AR@94円 問1	1,184,400	
合 　　計	120,000	120,000		11,400,000	11,400,000

＊1　その他の売上高（円換算前）：120,000千ドル－30,000千ドル＝90,000千ドル

＊2　P社への売上高（円換算後）：［資料Ⅱ］より 2,940,000千円

(2)　**株主資本等変動計算書（利益剰余金のみ）**

　　本問では当期純利益は損益計算書で用いた当期ARで換算し、剰余金の配当については確定時のHRで円換算します。利益剰余金の当期首残高は、すべて前期の利益と考えられるため、前期ARで円換算します。

科　　　　目	円換算前(千ドル)	換算為替相場	円換算後 (千円)
当 期 首 残 高	1,200	前期AR@95円	114,000
剰 余 金 の 配 当	△　720	確定時HR@98円	問3 △70,560*
当 期 純 利 益	12,600	当期AR@94円	1,184,400
当 期 末 残 高	13,080		1,227,840

＊　「剰余金の配当」は、指示がないため解答上は「△」を付す必要がありません。

(3)　**貸借対照表**

　　貸借対照表の資産・負債は原則として当期末CRで換算します。また、利益剰余金は株主変動計算書の利益剰余金の当期末残高で換算した額を用います。

科　　　目	円換算前（千ドル）		換算為替相場	円換算後（千円）	
	借　方	貸　方		借　方	貸　方
流 動 資 産	37,200		当期CR@90円	3,348,000	
固 定 資 産	22,800		当期CR@90円	2,052,000	
諸 　負 　債		16,920	当期CR@90円		1,522,800
資 　本 　金		30,000	設立時HR@105円		3,150,000
利 益 剰 余 金		13,080			問4 1,227,840*1
為替換算調整勘定			貸 借 差 額	問5 500,640*2	
合 　　計	60,000	60,000		5,900,640	5,900,640

＊1　(2)株主資本等変動計算書の当期末残高より

＊2　「為替換算調整勘定」は、借方のため、指示に従って解答上は「△」を付します。

持分法に関する基本的な問題です。投資勘定 (A社株式) の変動だけではなく、持分法による投資損益や、税効果会計も含まれているため難しく感じるかもしれませんが、個々の論点は基本的なものばかりです。わからない論点は教科書や問題集の該当箇所に戻り、しっかりと覚えましょう。

(1) タイムテーブルの作成

持分法の問題を解くときは、タイムテーブルを作成します。タイムテーブルを作成することで、全体の流れを確認できます。

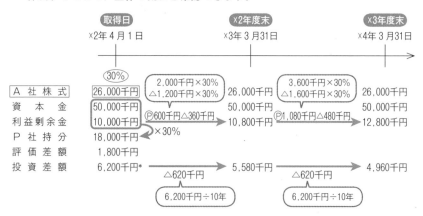

＊　投資差額：26,000千円 − 18,000千円 − 1,800千円 = 6,200千円

(2) 投資差額の計算

① P社持分

P社持分：(50,000千円 + 10,000千円) × 30% = 18,000千円
　　　　　　資本金　　　利益剰余金　　投資割合

② 評価差額

土地の時価上昇額に対して税効果会計を適用します。持分法では被投資会社の財務諸表を合算しないため、被投資会社の評価差額に係る仕訳は連結財務諸表に直接反映されませんが、参考のために仕訳を示しておきます。

| (土　　　　　地) | 3,000 | (繰延税金負債) | 1,200 |
| | | (評　価　差　額) | 1,800 |

土地：10,000千円 × 30% = 3,000千円
　　　　時価上昇額　投資割合

繰延税金負債：3,000千円 × 40% = 1,200千円
　　　　　　　　　　　　実効税率

評価差額：3,000千円 − 1,200千円 ＝ 1,800千円

③ 投資差額の算定

投資差額は、投資（A社株式の取得原価）と資本（P社持分と評価差額の合計）の差額で計算します。

問1 投資差額：26,000千円 − (18,000千円 + 1,800千円) ＝ 6,200千円

　　　　　　　　投資　　　　　　　　　　　資本

　　　（A社株式取得原価）　　（P社持分と評価差額）

(3) ×2年度の計算

① 投資差額の償却

投資差額は問題文の指示に従って、10年で償却します。また、持分法では「のれん償却額」の代わりに「持分法による投資損益」を記入し、A社株式を直接減額します。

(持分法による投資損益)	620	(A 社 株 式)	620

持分法による投資損益：6,200千円 ÷ 10年 ＝ 620千円

　　　　　　　　　　投資差額

② 受取配当金の修正

持分法では、被投資会社が配当を行うと、被投資会社の純資産が減るので、P社が所有しているA社株式が減額すると考えます。また、P社が配当金を受け取ったときに処理している「受取配当金」を相殺します。

(受 取 配 当 金)	360	(A 社 株 式)	360

受取配当金：1,200千円 × 30％ ＝ 360千円

　　　　×2年度配当金 投資割合

③ 当期純利益の計上

被投資会社が当期純利益を計上すると、被投資会社の純資産が増えるので、P社が所有しているA社株式を増額すると考えます。

(A 社 株 式)	600	(持分法による投資損益)	600

持分法による投資損益：2,000千円 × 30％ ＝ 600千円

　　　　　　　　×2年度

　　　　　　　当期純利益

④ 期末未実現利益の消去（ダウンストリーム）

連結の場合と同様に、投資会社と被投資会社との取引によって生じた未実現損益を消去します。ただし、連結の場合と違い、持分法では被投資会社の財務諸表を合算するわけではないため、投資会社の財務諸表のみ修正します。本問は投資会社から被投資会社へのダウンストリームであるため、投資会社であるP社の売上高を減額し、税効果会計を適用します。

（売　　上　　高）	720	（Ａ　社　株　式）	720
（繰 延 税 金 資 産）	288	（法人税等調整額）	288

売上高（未実現利益）：6,000千円×40%×30% ＝ 720千円
　　　　　　　　　　　　　　_{x2年度　　　利益率}
　　　　　　　　　　　　　_{期末商品}

繰延税金資産：720千円×40% ＝ 288千円
　　　　　　　　　　　　_{実効税率}

⑤　勘定記入

　　T勘定を用いて、x2年度末の残高を計算します。

A　社　株　式

取 得 原 価 26,000千円	投資差額償却　　620千円
当期純利益　　600千円	受取配当金　　360千円
	期末未実現利益　720千円
	問2 x2年度末24,900千円

投　資　損　益

投資差額償却　　620千円	当期純利益　　600千円
	問3 20千円（借方）

法人税等調整額

問4 288千円（貸方）	期末未実現利益　　288千円

（4）　x3年度の計算

①　開始仕訳

　　本問では、連結株主資本等変動計算書の項目は解答事項になっていないので、開始仕訳は書かずに、x2年度の仕訳をそのまま使って解答してもかまいません。なお、連結の場合と違い、持分法なのでP社とA社の財務諸表を合算していない点を意識して開始仕訳を書きましょう。

（利益剰余金当期首残高） 投資差額の償却	620	（Ａ　社　株　式）	620
（利益剰余金当期首残高） 受取配当金の修正	360	（Ａ　社　株　式）	360
（Ａ　社　株　式）	600	（利益剰余金当期首残高） A社当期純利益のうちP社持分	600
（利益剰余金当期首残高） 未実現利益の消去	720	（Ａ　社　株　式）	720
（繰 延 税 金 資 産）	288	（利益剰余金当期首残高） 税効果会計	288

②　投資差額の償却

　　毎期均等額を償却するので、x2年度と同じ額を償却します。

（持分法による投資損益）	620	（Ａ　社　株　式）	620

持分法による投資損益：6,200千円÷10年 ＝ 620千円
　　　　　　　　　　　_{投資差額}

③　受取配当金の修正

　　x2年度と同じように受取配当金を修正します。

| （受 取 配 当 金） | 480 | （A 社 株 式） | 480 |

　　受取配当金：1,600千円×30％＝480千円
　　　　　　　　_{x3年度}　　_{投資割合}
　　　　　　　　_{配当金}

④　当期純利益の計上

　　x2年度と同じようにA社株式を増額します。

| （A 社 株 式） | 1,080 | （持分法による投資損益） | 1,080 |

　　持分法による投資損益：3,600千円×30％＝1,080千円
　　　　　　　　　　　　　　_{x3年度当期純利益}

⑤　期首未実現利益の実現（ダウンストリーム）

　　x2年度で消去した未実現利益を実現（x2年度の仕訳に対する逆仕訳）させます。

| （A 社 株 式） | 720 | （売 　 上 　 高） | 720 |
| （法人税等調整額） | 288 | （繰 延 税 金 資 産） | 288 |

⑥　期末未実現利益の消去（ダウンストリーム）

　　x2年度と同じように投資会社であるP社の売上高を減額し、税効果会計を適用します。

| （売 　 上 　 高） | 600 | （A 社 株 式） | 600 |
| （繰 延 税 金 資 産） | 240 | （法人税等調整額） | 240 |

　　売上高（未実現利益）：5,000千円×40％×30％＝600千円
　　　　　　　　　　　　　　_{x3年度}　　_{利益率}
　　　　　　　　　　　　　　_{期末商品}

　　繰延税金資産：600千円×40％＝240千円
　　　　　　　　　　　　　　_{実効税率}

⑦　勘定記入

　　T勘定を用いて、x3年度末の残高を計算します。

A 社 株 式

取 得 原 価 26,000千円	開 始 仕 訳 620千円
開 始 仕 訳 600千円	開 始 仕 訳 360千円
	開 始 仕 訳 720千円
x2 年 度 末 24,900千円	投 資 差 額 償 却 620千円
当 期 純 利 益 1,080千円	受 取 配 当 金 480千円
期首未実現利益 720千円	期末未実現利益 600千円
	問2 x3年度末25,000千円

投 資 損 益

| 投資差額償却 620千円 | 当期純利益 1,080千円 |
| **問3** 460千円（貸方） { | |

法人税等調整額

| 期首未実現利益 288千円 | 期末未実現利益 240千円 |
| | **問4** 48千円（借方） |

みんなが欲しかったシリーズ

みんなが欲しかった！
簿記の問題集　日商1級　商業簿記・会計学3
企業結合会計・連結会計ほか編　第9版

2013年4月10日　初　版　第1刷発行
2021年11月24日　第9版　第1刷発行
2023年8月23日　　　　　第4刷発行

監　　修　滝　澤　な　な　み
著　　者　TAC出版開発グループ
発　行　者　多　田　敏　男
発　行　所　TAC株式会社　出版事業部
　　　　　　　　　　　　　　（TAC出版）

〒101-8383
東京都千代田区神田三崎町3-2-18
電話 03(5276)9492(営業)
FAX 03(5276)9674
https://shuppan.tac-school.co.jp

印　　刷　株式会社　ワ　コ　ー
製　　本　東京美術紙工協業組合

© TAC 2021　　Printed in Japan
ISBN 978-4-8132-9914-1
N.D.C. 336

簿記検定講座のご案内

選べる学習メディアでご自身に合うスタイルでご受講ください!

通学講座

3級コース | 3・2級コース | 2級コース | 1級コース | 1級上級・アドバンスコース

教室講座
通って学ぶ

定期的な日程で通学する学習スタイル。常に講師と接することができるという教室講座の最大のメリットがありますので、疑問点はその日のうちに解決できます。また、勉強仲間との情報交換も積極的に行えるのが特徴です。

ビデオブース講座
通って学ぶ / 予約制

ご自身のスケジュールに合わせて、TACのビデオブースで学習するスタイル。日程を自由に設定できるため、忙しい社会人に人気の講座です。

直前期教室出席制度
直前期以降、教室受講に振り替えることができます。

| 無料体験入学 | ご自身の目で、耳で体験し納得してご入学いただくために、無料体験入学をご用意しました。 |
| 無料講座説明会 | もっとTACのことを知りたいという方は、無料講座説明会にご参加ください。 |

無 料
予約不要※

※ビデオブース講座の無料体験入学は要予約。
無料講座説明会は一部校舎では要予約。

通信講座

3級コース | 3・2級コース | 2級コース | 1級コース | 1級上級・アドバンスコース

Web通信講座
スマホやタブレットにも対応 / 見て学ぶ

教室講座の生講義をブロードバンドを利用し動画で配信します。ご自身のペースに合わせて、24時間いつでも何度でも繰り返し受講することができます。また、講義動画はダウンロードして2週間視聴可能です。有効期間内は何度でもダウンロード可能です。
※Web通信講座の配信期間は、お申込コースの目標月の翌月までです。

TAC WEB SCHOOL ホームページ
URL https://portal.tac-school.co.jp/
お申込み前に、左記のサイトにて必ず動作環境をご確認ください。

DVD通信講座
見て学ぶ

講義を収録したデジタル映像をご自宅にお届けします。講義の臨場感をクリアな画像でご自宅にて再現することができます。
※DVD-Rメディア対応のDVDプレーヤーでのみ受講が可能です。
パソコンやゲーム機での動作保証はいたしておりません。

Webでも無料配信中!
スマホ タブレット / パソコン

「TAC動画チャンネル」

資料通信講座（1級のみ）

テキスト・添削問題を中心として学習します。

● 講座説明会
● 1回目の講義（前半分）が視聴できます
※収録内容の変更のため、配信されない期間が生じる場合がございます。

詳しくは、TACホームページ「TAC動画チャンネル」をクリック!

TAC 動画チャンネル 簿記 | 検索

コースの詳細は、簿記検定講座パンフレット・TACホームページをご覧ください。

パンフレットのご請求・お問い合わせは、TACカスタマーセンターまで

通話無料 0120-509-117
ゴウカク イイナ

受付時間 月～金 9:30～19:00 土・日・祝 9:30～18:00
※携帯電話からもご利用になれます。

TAC簿記検定講座ホームページ
TAC 簿記 | 検索

簿記検定講座

お手持ちの教材がそのまま使用可能！
【テキストなしコース】のご案内

TAC簿記検定講座のカリキュラムは市販の教材を使用しておりますので、こちらのテキストを使ってそのまま受講することができます。独学では分かりにくかった論点や本試験対策も、TAC講師の詳しい解説で理解度も120％UP！ 本試験合格に必要なアウトプット力が身につきます。独学との差を体感してください。

左記の各メディアが【テキストなしコース】でお得に受講可能！

こんな人にオススメ！
- ●テキストにした書き込みをそのまま活かしたい！
- ●これ以上テキストを増やしたくない！
- ●とにかく受講料を安く抑えたい！

※お申込前に必ずお手持ちのバージョンをご確認ください。場合によっては最新のものに買い直していただくことがございます。詳細はお問い合わせください。

お手持ちの教材をフル活用!!

合格テキスト

合格トレーニング

会計業界への就職・転職支援サービス

TPB

TACの100%出資子会社であるTACプロフェッションバンク（TPB）は、会計・税務分野に特化した転職エージェントです。勉強された知識とご希望に合ったお仕事を一緒に探しませんか？ 相談だけでも大歓迎です！ どうぞお気軽にご利用ください。

人材コンサルタントが無料でサポート

Step1 相談受付
完全予約制です。HPよりご登録いただくか、各オフィスまでお電話ください。

Step2 面談
ご経験やご希望をお聞かせください。あなたの将来について一緒に考えましょう。

Step3 情報提供
ご希望に適うお仕事があれば、その場でご紹介します。強制はいたしませんのでご安心ください。

正社員で働く
- ●安定した収入を得たい
- ●キャリアプランについて相談したい
- ●面接日程や入社時期などの調整をしてほしい
- ●今就職すべきか、勉強を優先すべきか迷っている
- ●職場の雰囲気など、求人票でわからない情報がほしい

キャリアUP　資格有

TACキャリアエージェント
https://tacnavi.com/

派遣で働く（関東のみ）
- ●勉強を優先して働きたい
- ●将来のために実務経験を積んでおきたい
- ●まずは色々な職場や職種を経験したい
- ●家庭との両立を第一に考えたい
- ●就業環境を確認してから正社員で働きたい

子育中

勉強中

TACの経理・会計派遣
https://tacnavi.com/haken/

※ご経験やご希望内容によってはご支援が難しい場合がございます。予めご了承ください。　※面談時間は原則お一人様30分とさせていただきます。

自分のペースでじっくりチョイス

正社員・アルバイトで働く
- ●自分の好きなタイミングで就職活動をしたい
- ●どんな求人案件があるのか見たい
- ●企業からのスカウトを待ちたい
- ●WEB上で応募管理をしたい

Webで

TACキャリアナビ
https://tacnavi.com/kyujin/

就職・転職・派遣就労の強制は一切いたしません。会計業界への就職・転職を希望される方への無料支援サービスです。どうぞお気軽にお問い合わせください。

TACプロフェッションバンク

■ 有料職業紹介事業 許可番号13-ユ-010678
■ 一般労働者派遣事業 許可番号（派）13-010932

東京オフィス
〒101-0051
東京都千代田区神田神保町1-103 東京パークタワー2F
TEL.03-3518-6775

大阪オフィス
〒530-0013
大阪府大阪市北区茶屋町6-20 吉田茶屋町ビル5F
TEL.06-6371-5851

名古屋 登録会場
〒453-0014
愛知県名古屋市中村区則武1-1-7 NEWNO 名古屋駅西8F
TEL.0120-757-655

10860572

2022年4月現在

TAC出版 書籍のご案内

TAC出版では、資格の学校TAC各講座の定評ある執筆陣による資格試験の参考書をはじめ、資格取得者の開業法や仕事術、実務書、ビジネス書、一般書などを発行しています!

TAC出版の書籍

*一部書籍は、早稲田経営出版のブランドにて刊行しております。

資格・検定試験の受験対策書籍

- ❂日商簿記検定
- ❂建設業経理士
- ❂全経簿記上級
- ❂税 理 士
- ❂公認会計士
- ❂社会保険労務士
- ❂中小企業診断士
- ❂証券アナリスト

- ❂ファイナンシャルプランナー(FP)
- ❂証券外務員
- ❂貸金業務取扱主任者
- ❂不動産鑑定士
- ❂宅地建物取引士
- ❂賃貸不動産経営管理士
- ❂マンション管理士
- ❂管理業務主任者

- ❂司法書士
- ❂行政書士
- ❂司法試験
- ❂弁理士
- ❂公務員試験(大卒程度・高卒者)
- ❂情報処理試験
- ❂介護福祉士
- ❂ケアマネジャー
- ❂社会福祉士 ほか

実務書・ビジネス書

- ❂会計実務、税法、税務、経理
- ❂総務、労務、人事
- ❂ビジネススキル、マナー、就職、自己啓発
- ❂資格取得者の開業法、仕事術、営業術
- ❂翻訳ビジネス書

一般書・エンタメ書

- ❂ファッション
- ❂エッセイ、レシピ
- ❂スポーツ
- ❂旅行ガイド (おとな旅プレミアム/ハルカナ)
- ❂翻訳小説

日商簿記検定試験対策書籍のご案内

TAC出版の日商簿記検定試験対策書籍は、学習の各段階に対応していますので、あなたの
ステップに応じて、合格に向けてご活用ください!

3タイプのインプット教材

①  簿記を専門的な知識にしていきたい方向け

● **満点合格を目指し
次の級への土台を築く**

「合格テキスト」

「合格トレーニング」

- ● 大判のB5判、3級〜1級累計300万部超の、信頼の定番テキスト&トレーニング! TACの教室でも使用している公式テキストです。3級のみオールカラー。
- ● 出題論点はすべて網羅しているので、簿記をきちんと学んでいきたい方にぴったりです!
- ◆3級 □2級 商簿、2級 工簿 ■1級 商・会 各3点、1級 工・原 各3点

② スタンダードにメリハリつけて学びたい方向け

● **教室講義のような
わかりやすさでしっかり学べる**

「簿記の教科書」

「簿記の問題集」

滝澤 ななみ 著

- ● A5判、4色オールカラーのテキスト（2級・3級のみ）&模擬試験つき問題集!
- ● 豊富な図解と実例つきのわかりやすい説明で、もうモヤモヤしない!!
- ◆3級 □2級 商簿、2級 工簿 ■1級 商・会 各3点、1級 工・原 各3点

ネット試験と統一試験に対応!
もうモヤモヤしない、簿記史上最強の問題集

DVDの併用で、
さらに理解が
深まります!

『簿記の教科書DVD』
- ● 「簿記の教科書」3、2級の準拠DVD。 わかりやすい解説で、合格力が短時間で身につきます!
- ◆3級 □2級 商簿、2級 工簿

③ 気軽に始めて、早く全体像をつかみたい方向け

● **初学者でも楽しく続けられる!**

「スッキリわかる」

テキスト／問題集一体型

滝澤 ななみ 著（1級は商・会のみ）

- ● 小型のA5判によるテキスト／問題集一体型。これ一冊でOKの、圧倒的に人気の教材です。
- ● 豊富なイラストとわかりやすいレイアウト! かわいいキャラの「ゴエモン」と一緒に楽しく学べます。
- ◆3級 □2級 商簿、2級 工簿 ■1級 商・会 4点、1級 工・原 4点

売上NO.1

シリーズ待望の問題集が誕生!

「スッキリとける本試験予想問題集」

滝澤 ななみ 監修　TAC出版開発グループ 編著

- ● 本試験タイプの予想問題9回分を掲載
- ◆3級 □2級

DVDの併用で、
さらに理解が
深まります!

『スッキリわかる 講義DVD』
- ● 「スッキリわかる」3、2級の準拠DVD。 超短時間でも要点はのがさず解説。 3級10時間、2級14時間＋10時間で合格へひとっとび。
- ◆3級 □2級 商簿、2級 工簿

TAC出版

コンセプト問題集

● 得点力をつける!

『みんなが欲しかった! やさしすぎる解き方の本』

B5判　滝澤 ななみ 著

● 授業で解き方を教わっているような新感覚問題集。再受験にも有効。
◆3級　□2級

本試験対策問題集

● 本試験タイプの
問題集

『合格するための
本試験問題集』

（1級は過去問題集）

B5判

● 12回分（1級は14回分）の問題を収載。ていねいな「解答への道」、各問対策が充実。
◆3級　□2級　■1級

● 知識のヌケを
なくす!

『まるっと
完全予想問題集』

（1級は網羅型完全予想問題集）

A4判

● オリジナル予想問題（3級10回分、2級12回分、1級8回分）で本試験の重要出題パターンを網羅。
● 実力養成にも直前の本試験対策にも有効。
◆3級　□2級　■1級

直前予想

『ネット試験と
第○回をあてる
TAC予想模試
＋解き方テキスト』

（1級は直前予想模試）

A4判

● TAC講師陣による4回分の予想問題で最終仕上げ。
● 2級・3級は、第1部解き方テキスト編、第2部予想模試編の2部構成。
● 年3回（1級は年2回）、各試験に向けて発行します。
◆3級　□2級　■1級

あなたに合った合格メソッドをもう一冊!

仕訳 『究極の仕訳集』
B6変形判
● 悩む仕訳をスッキリ整理。ハンディサイズ、一問一答式で基本の仕訳を一気に覚える。
◆3級　□2級

仕訳 『究極の計算と仕訳集』
B6変形判　境 浩一朗 著
● 1級商会で覚えるべき計算と仕訳がすべてつまった1冊!
■1級 商・会

理論 『究極の会計学理論集』
B6変形判
● 会計学の理論問題を論点別に整理、手軽なサイズが便利です。
■1級 商・会、全経上級

電卓 『カンタン電卓操作術』
A5変形判　TAC電卓研究会 編
● 実践的な電卓の操作方法について、丁寧に説明します!

：ネット試験の演習ができる模擬試験プログラムつき（2級・3級）

：スマホで使える仕訳Webアプリつき（2級・3級）

・2023年5月現在　・刊行内容、表紙等は変更することがあります　・とくに記述がある商品以外は、TAC簿記検定講座編です

書籍の正誤に関するご確認とお問合せについて

書籍の記載内容に誤りではないかと思われる箇所がございましたら、以下の手順にてご確認とお問合せをしてくださいますよう、お願い申し上げます。

なお、正誤のお問合せ以外の書籍内容に関する解説および受験指導などは、一切行っておりません。
そのようなお問合せにつきましては、お答えいたしかねますので、あらかじめご了承ください。

1 「Cyber Book Store」にて正誤表を確認する

TAC出版書籍販売サイト「Cyber Book Store」の
トップページ内「正誤表」コーナーにて、正誤表をご確認ください。

CYBER TAC出版書籍販売サイト
BOOK STORE

URL：https://bookstore.tac-school.co.jp/

2 **1**の正誤表がない、あるいは正誤表に該当箇所の記載がない ⇒ 下記①、②のどちらかの方法で文書にて問合せをする

★ご注意ください★

お電話でのお問合せは、お受けいたしません。
①、②のどちらの方法でも、お問合せの際には、「お名前」とともに、
「対象の書籍名（○級・第○回対策も含む）およびその版数（第○版・○○年度版など）」
「お問合せ該当箇所の頁数と行数」
「誤りと思われる記載」
「正しいとお考えになる記載とその根拠」
を明記してください。
なお、回答までに1週間前後を要する場合もございます。あらかじめご了承ください。

① ウェブページ「Cyber Book Store」内の「お問合せフォーム」より問合せをする

【お問合せフォームアドレス】
https://bookstore.tac-school.co.jp/inquiry/

② メールにより問合せをする

【メール宛先　TAC出版】
syuppan-h@tac-school.co.jp

※土日祝日はお問合せ対応をおこなっておりません。
※正誤のお問合せ対応は、該当書籍の改訂版刊行月末日までといたします。

乱丁・落丁による交換は、該当書籍の改訂版刊行月末日までといたします。なお、書籍の在庫状況等により、お受けできない場合もございます。
また、各種本試験の実施の延期、中止を理由とした本書の返品はお受けいたしません。返金もいたしかねますので、あらかじめご了承くださいますようお願い申し上げます。

(2022年7月現在)

簿記の問題集
日商1級　商業簿記・会計学3

別　冊

○問題編　答案用紙
○模擬試験第5回、第6回*

* 第1回から第4回の問題は、『簿記の問題集　日商1級　商業簿記・会計学1、2』（別売り）に収載しております。

─〈別冊ご利用時の注意〉─

別冊は、この色紙を残したままていねいに抜き取り、ご利用ください。
また、抜き取るさいの損傷についてのお取替えはご遠慮願います。

別冊の使い方

Step ❶ この色紙を残したまま、ていねいに抜き取ってください。色紙は、本体からとれませんので、ご注意ください。

色紙
本体
冊子

Step ❷ 抜き取った用紙を針金のついているページでしっかりと開き、工具を使用して、針金を外してください。針金で負傷しないよう、お気をつけください。

針金

模擬試験
第5回、第6回
問題編　答案用紙

Step ❸ アイテムごとに分けて、お使いください。

なお、答案用紙はダウンロードでもご利用いただけます。
TAC出版書籍販売サイト・サイバーブックストアにアクセスしてください。

https://bookstore.tac-school.co.jp/

簿記の問題集

日商１級　商業簿記・会計学３

問題編　答案用紙

本支店合併損益計算書
自×1年4月1日　至×2年3月31日　　（単位：円）

I　売　上　高　　　　　　　　　　　　　　（　　　　　）
II　売　上　原　価
　1．期首商品棚卸高　　　　（　　　　　）
　2．当期商品仕入高　　　　（　　　　　）
　　　　合　　　計　　　　　（　　　　　）
　3．期末商品棚卸高　　　　（　　　　　）
　　　　差　　　引　　　　　（　　　　　）
　4．商品評価損　　　　　　（　　　　　）　（　　　　　）
　　　　売上総利益　　　　　　　　　　　　（　　　　　）
III　販売費及び一般管理費　　　　　　　　　（　　　　　）
　　　　営業利益　　　　　　　　　　　　　（　　　　　）
IV　営業外収益　　　　　　　　　　　　　　（　　　　　）
V　営業外費用　　　　　　　　　　　　　　（　　　　　）
　　　　経常利益　　　　　　　　　　　　　（　　　　　）

本支店合併貸借対照表
×2年3月31日　　（単位：円）

商　　品	（　　　）	流　動　負　債	（　　　）
その他の流動資産	（　　　）	固　定　負　債	（　　　）
固　定　資　産	（　　　）	資　本　金	（　　　）
		繰越利益剰余金	（　　　）
	（　　　）		（　　　）

本支店会計②

本支店合併損益計算書　　　（単位：円）

Ⅰ　売　上　高　　　　　　　　　　　　　（　　　　　）

Ⅱ　売　上　原　価

　1．期首商品棚卸高　　　（　　　　　）

　2．当期商品仕入高　　　（　　　　　）

　　　　合　　　計　　　（　　　　　）

　3．期末商品棚卸高　　　（　　　　　）　（　　　　　）

　　　　売　上　総　利　益　　　　　　　（　　　　　）

Ⅲ　販売費及び一般管理費

　1．営　業　費　　　　　（　　　　　）

　2．広　告　宣　伝　費　（　　　　　）

　3．貸倒引当金繰入　　　（　　　　　）

　4．減　価　償　却　費　（　　　　　）　（　　　　　）

　　　　税引前当期純利益　　　　　　　　（　　　　　）

　　　　法人税、住民税及び事業税　　　　（　　　　　）

　　　　当　期　純　利　益　　　　　　　（　　　　　）

本支店合併貸借対照表　　　（単位：円）

現金及び預金	（　　　）	支 払 手 形	（　　　）	
受 取 手 形（　　　）		買 掛 金	（　　　）	
貸倒引当金（△　　　）（　　　）		未払法人税等	（　　　）	
売 掛 金（　　　）		資 本 金	（　　　）	
貸倒引当金（△　　　）（　　　）		繰越利益剰余金	（　　　）	
商　　品	（　　　）			
建　　物（　　　）				
減価償却累計額（△　　　）（　　　）				
備　　品（　　　）				
減価償却累計額（△　　　）（　　　）				
（　　　）			（　　　）	

本支店合併損益計算書　　　　　　（単位：円）

Ⅰ　売　上　高		（　　　　）
Ⅱ　売　上　原　価		
1．期首商品棚卸高	（　　　　）	
2．当期商品仕入高	（　　　　）	
合　　　計	（　　　　）	
3．期末商品棚卸高	（　　　　）	（　　　　　　）
売上総利益		（　　　　　　）
Ⅲ　販売費及び一般管理費		
1．営　業　費	（　　　　）	
2．貸倒引当金繰入	（　　　　）	
3．減価償却費	（　　　　）	（　　　　　　）
税引前当期純利益		（　　　　　　）
法人税、住民税及び事業税		（　　　　　　）
当　期　純　利　益		（　　　　　　）

本支店合併貸借対照表　　　　　　　（単位：円）

現金及び預金		（　　　　）	支払手形		（　　　　）
売　掛　金	（　　　　）		買　掛　金		（　　　　）
貸倒引当金	（△　　　　）	（　　　　）	未払法人税等		（　　　　）
商　　　品		（　　　　）	資　本　金		（　　　　）
建　　　物	（　　　　）		利益準備金		（　　　　）
減価償却累計額	（△　　　　）	（　　　　）	繰越利益剰余金		（　　　　）
		（　　　　）			（　　　　）

4

企業結合①

合併後貸借対照表
×2年4月1日　　　　　（単位：円）

資　　産	金　額	負債・純資産	金　額
諸　資　産		諸　負　債	
の　れ　ん		資　本　金	
		資 本 準 備 金	
		その他資本剰余金	
		利 益 準 備 金	
		任 意 積 立 金	
		繰越利益剰余金	
		自 己 株 式	

企業結合②

合併後貸借対照表
×6年4月1日　　　　　（単位：円）

資　　産	金　額	負債・純資産	金　額
諸　資　産		諸　負　債	
B　社　株　式		資　本　金	
の　れ　ん		資 本 準 備 金	
		その他資本剰余金	
		利 益 準 備 金	
		任 意 積 立 金	
		繰越利益剰余金	

企業結合③

① 資本金 [　　　　　　　　円　]

② のれん [　　　　　　　　円　]

企業結合④

（単位：円）

借　方　科　目	金　　額	貸　方　科　目	金　　額

企業結合⑤

貸　借　対　照　表　　　（単位：円）

借　方　科　目	金　　額	貸　方　科　目	金　　額
A　社　株　式		資　　本　　金	
B　社　株　式		資　本　剰　余　金	

企業結合⑥

問1　A社の仕訳

(1)　B社が子会社になる場合　　　　　　　　　　　（単位：円）

借　方　科　目	金　　　額	貸　方　科　目	金　　　額

(2)　B社が子会社にも関連会社にもならない場合　　　（単位：円）

借　方　科　目	金　　　額	貸　方　科　目	金　　　額

問2　B社の仕訳　　　　　　　　　　　　　　　　　（単位：円）

借　方　科　目	金　　　額	貸　方　科　目	金　　　額

理論問題

ア	イ	ウ
エ	オ	カ
キ	ク	ケ

連 結 貸 借 対 照 表
×5年3月31日　　　　　　　　　　（単位：円）

資　産	金　額	負債・純資産	金　額
諸　資　産		諸　負　債	
の　れ　ん		資　本　金	
		利　益　剰　余　金	
		非　支　配　株　主　持　分	

連結株主資本等変動計算書
自×4年4月1日　至×5年3月31日　　　　　（単位：円）

	株　主　資　本		非支配株主持分
	資　本　金	利益剰余金	
当期首残高			
当期変動額			
親会社株主に帰属する 　当期純利益			
株主資本以外の項目の 　当期変動額（純額）			
当期末残高			

連 結 損 益 計 算 書
自×4年4月1日　至×5年3月31日　　　　　（単位：円）

借　方　科　目	金　額	貸　方　科　目	金　額
諸　費　用		諸　収　益	
の　れ　ん　償　却　額			
非支配株主に帰属する当期純利益			
親会社株主に帰属する当期純利益			

連結貸借対照表
×4年3月31日 (単位：円)

資　産	金　額	負債・純資産	金　額
諸　資　産		諸　負　債	
の　れ　ん		資　本　金	
		利　益　剰　余　金	
		非支配株主持分	

連結株主資本等変動計算書
自×3年4月1日　至×4年3月31日 (単位：円)

	株　主　資　本		非支配株主持分
	資　本　金	利益剰余金	
当期首残高			
当期変動額			
剰余金の配当			
親会社株主に帰属する 　当期純利益			
株主資本以外の項目の 　当期変動額（純額）			
当期末残高			

連 結 損 益 計 算 書
自×3年4月1日 至×4年3月31日　　　（単位：円）

借　方　科　目	金　　額	貸　方　科　目	金　　額
諸　　費　　用		諸　　収　　益	
のれん償却額		受取利息配当金	
非支配株主に帰属する当期純利益			
親会社株主に帰属する当期純利益			

理論問題

ア	イ	ウ
エ		

連 結 貸 借 対 照 表

×2年3月31日　　　　　　　　（単位：円）

資　　産	金　額	負債・純資産	金　額
諸　　資　　産		諸　　負　　債	
の　れ　ん		繰 延 税 金 負 債	
		資　　本　　金	
		資 本 剰 余 金	
		利 益 剰 余 金	
		非 支 配 株 主 持 分	

資本連結（追加取得）

連 結 貸 借 対 照 表
×4年 3 月31日　　　　　　　　（単位：円）

資　　　　　産	金　　　額	負債・純資産	金　　　額
諸　　資　　産		諸　　負　　債	
土　　　　　地		資　　本　　金	
の　　れ　　ん		資 本 剰 余 金	
		利 益 剰 余 金	
		非 支 配 株 主 持 分	

連結株主資本等変動計算書
自×3年 4 月 1 日　至×4年 3 月31日　　　　　　（単位：円）

	株　　主　　資　　本			非支配株主持分
	資　本　金	資本剰余金	利益剰余金	
当期首残高				
当期変動額				
剰余金の配当				
親会社株主に帰属する 　当期純利益				
非支配株主との取引に 　係る親会社の持分変動				
株主資本以外の項目の 　当期変動額（純額）				
当期末残高				

連 結 損 益 計 算 書
自×3年4月1日　至×4年3月31日　　　（単位：円）

借 方 科 目	金 額	貸 方 科 目	金 額
諸　　費　　用		諸　　収　　益	
の れ ん 償 却 額		受 取 配 当 金	
非支配株主に帰属する当期純利益			
親会社株主に帰属する当期純利益			

子会社株式の売却

連結貸借対照表

×2年3月31日　　　　　　　　　　　　　（単位：円）

資　　産	金　額	負債・純資産	金　額
諸　資　　産		諸　　負　　債	
の　れ　　ん		繰延税金負債	
		資　　本　　金	
		資　本　剰　余　金	
		利　益　剰　余　金	
		非支配株主持分	

理論問題

ア	イ	ウ
エ	オ	

手形取引の修正・債権債務の相殺消去

連 結 貸 借 対 照 表
×3年3月31日　　　　　　　（単位：円）

資　　　産	金　　　額	負債・純資産	金　　　額
⋮		支　払　手　形	（　　　　　）
		⋮	
		短　期　借　入　金	（　　　　　）
		⋮	
	×××		×××

連 結 損 益 計 算 書
自×2年4月1日　至×3年3月31日　　　　（単位：円）

借　方　科　目	金　　　額	貸　方　科　目	金　　　額
⋮		⋮	
支　払　利　息	（　　　　　）		
手　形　売　却　損	（　　　　　）		
⋮			
	×××		×××

連 結 損 益 計 算 書
自×2年4月1日 至×3年3月31日
(単位：円)

Ⅰ 売 上 高 （　　　　　）
Ⅱ 売 上 原 価 （　　　　　）
　 売 上 総 利 益 （　　　　　）
Ⅲ 販売費及び一般管理費
　1.（　　　　　） （　　　　　）
　　　　　　　　　　⋮
　　営 業 利 益 ×××

連結株主資本等変動計算書(利益剰余金のみ)
自×2年4月1日 至×3年3月31日
(単位：円)

利 益 剰 余 金
　当 期 首 残 高 （　　　　　）
　　　　　　　⋮
　当 期 末 残 高 ×××

連 結 貸 借 対 照 表
×3年3月31日 (単位：円)

借 方 科 目	金　　額	貸 方 科 目	金　　額
⋮		支払手形及び買掛金	（　　　　）
受取手形及び売掛金	（　　　　）	貸 倒 引 当 金	（　　　　）
商　　　　品	（　　　　）		
⋮		⋮	
	×××		×××

16

未実現損益の消去②

（単位：円）

	借　方　科　目	金　　　額	貸　方　科　目	金　　　額
(1)				
(2)				
(3)				
(4)				

1. 売上債権と仕入債務の相殺消去　　　　　　　　　　　　　　（単位：円）

借　方　科　目	金　　　額	貸　方　科　目	金　　　額

2. 開始仕訳　　　　　　　　　　　　　　　　　　　　　　　　（単位：円）

借　方　科　目	金　　　額	貸　方　科　目	金　　　額

3. 当期の貸倒引当金の修正と税効果会計の適用　　　　　　　　（単位：円）

借　方　科　目	金　　　額	貸　方　科　目	金　　　額

連結精算表の作成

連 結 精 算 表

(単位：円)

科　目	個　別　財　務　諸　表			修 正 消 去 仕 訳		連　結
	P　社	S　社	合　計	借　方	貸　方	財務諸表
(損 益 計 算 書)						
売　　上　　高	(472,400)	(170,000)	(642,400)			(　　　)
受　取　利　息	(1,200)	－	(1,200)			(　　　)
受　取　配　当　金	(5,300)	－	(5,300)			(　　　)
固 定 資 産 売 却 益	(30,000)	(5,000)	(35,000)			(　　　)
売　　上　　原　　価	226,800	101,400	328,200			
販　　売　　費	61,500	15,900	77,400			
貸 倒 引 当 金 繰 入	2,600	800	3,400			
一　般　管　理　費	104,600	33,200	137,800			
減　価　償　却　費	9,000	7,500	16,500			
の れ ん 償 却 額	－	－	－			
支払利息・手形売却損	4,400	1,200	5,600			
法　人　税　等	40,000	6,000	46,000			
法 人 税 等 調 整 額	－	－	－			(　　　)
非支配株主に帰属する当期純利益	－	－	－			
親会社株主に帰属する当期純利益	(60,000)	(9,000)	(69,000)			(　　　)
(株主資本等変動計算書)						
資本金当期首残高	(240,000)	(80,000)	(320,000)			(　　　)
資本金当期末残高	(240,000)	(80,000)	(320,000)			(　　　)
利益剰余金当期首残高	(153,800)	(26,600)	(180,400)			(　　　)
剰　余　金　の　配　当	18,000	3,000	21,000			
親会社株主に帰属する当期純利益	(60,000)	(9,000)	(69,000)			
利益剰余金当期末残高	(195,800)	(32,600)	(228,400)			(　　　)

第5回 模擬試験 問題

商 業 簿 記

問題 (25点)

P社およびS社の当期(×4年4月1日から×5年3月31日まで)に係る個別財務諸表は[資料Ⅰ]のとおりである。[資料Ⅱ]株式の取得状況と資本勘定の推移等に関する事項および[資料Ⅲ]その他の事項にもとづいて、答案用紙の連結貸借対照表、連結損益計算書および連結株主資本等変動計算書を作成しなさい。のれんは計上年度の翌年度から15年(定額法)で償却する。また、S社の資産の評価による評価差額、未実現損益の消去および貸倒引当金の修正については実効税率40%として税効果会計を適用する。なお、答案用紙において、マイナスを表す場合には金額の前に△を付し、記入すべき金額がない場合は空欄とすること。

[資料Ⅰ]個別財務諸表

貸 借 対 照 表
×5年3月31日現在
(単位:千円)

資 産	P 社	S 社	負債・純資産	P 社	S 社
現 金 預 金	855,000	793,200	買 掛 金	389,000	228,000

損益計算書
自×4年4月1日　至×5年3月31日
（単位：千円）

借方科目	P社	S社	貸方科目	P社	S社
売上原価	2,436,000	972,000	売上高	3,480,000	1,620,000
販売費及び一般管理費	700,920	521,140	営業外収益	147,840	48,600
貸倒引当金繰入額	10,320	6,480	法人税等調整額	4,800	1,200
減価償却費	15,000	7,500			
営業外費用	158,400	76,680			
法人税等	132,000	36,000			
当期純利益	180,000	50,000			
	3,632,640	1,669,800		3,632,640	1,669,800

株主資本等変動計算書
自×4年4月1日　至×5年3月31日
（単位：千円）

	株主資本					
	資本金		資本剰余金		利益剰余金	
	P社	S社	P社	S社	P社	S社
当期首残高	3,000,000	600,000	210,000	50,000	415,000	210,000

[資料Ⅲ] その他の事項

1. P社はS社から商品の一部を仕入れている。S社の売上高のうち900,000千円はP社に対するものである。

2. P社の商品棚卸高に含まれるS社から仕入れた商品は次のとおりである。なお、P社に対するS社の売上総利益率は連結外部に対するものと同一であり、毎期一定である。

   期首商品棚卸高 35,000千円、期末商品棚卸高 55,000千円

3. P社のS社に対する買掛金は次のとおりである。

   前期末残高 125,000千円、当期末残高 150,000千円

4. S社は売掛金の期末残高に対して毎期2％の貸倒引当金を設定しており、これ以外の金銭債権については、貸倒引当金を設定していない。

会 計 学

問題（25点）

第1問 わが国の会計基準にしたがって、次の文章の空欄に当てはまる最も適当な語句を答案用紙に記入しなさい。

1. 移転した事業に関する投資が清算されたとみる場合には、その事業を分離先企業に移転したことにより受け取った対価となる財の（ 1 ）と、移転した事業に係る株主資本相当額との差額を移転損益として認識するとともに、改めて当該受取対価の（ 1 ）にて投資を行ったものとする。

これに対し、移転した事業に関する投資が（ 2 ）しているとみる場合には、移転損益を認識せず、その事業を分離先企業に移転したことにより受け取る資産の（ 3 ）は、移転した事業に係る株主資本相当額にもとづいて算定するものとする。

2. 減損の兆候がある資産または資産グループについての（ 4 ）を認識するかどうかの判定は、資産または資産グループから得られる（ 5 ）将来キャッシュ・フローの総額と（ 6 ）を比較することによって行い、資産または資産グループから得られる（ 5 ）将来キャッシュ・フローの総額が（ 6 ）を（ 7 ）場合には（ 4 ）を認識する。

第2問 下記の資料にもとづいて、以下の問に答えなさい。なお、税効果会計については考慮する必

損　益　計　算　書

自x3年4月1日　至x4年3月31日

(単位：千円)

費　　用	P　社	S　社	収　益	P　社	S　社
売 上 原 価	54,000	18,000	売 上 高	91,800	35,640
給　　　　料	14,400	5,400	受 取 配 当 金	1,080	360
その他の営業費	7,200	2,700	受 取 利 息	324	180
減 価 償 却 費	2,844	2,700			
支 払 利 息	360	180			
法 人 税 等	6,120	3,060			
当 期 純 利 益	8,280	4,140			
	93,204	36,180		93,204	36,180

［資料Ⅲ］参考事項

1.　P社はS社の発行済議決権株式の100%を取得している。

2.　P社は商品の一部をS社へ販売しており、S社への売上利益率は毎期20%である。なお、S社の期首商品棚卸高のうち360千円、期末商品棚卸高のうち450千円はP社からの仕入分である。

価値（時価による純資産額にもとづいて計算する）の平均とし、端数が生じた場合には、小数点以下第3位を四捨五入して第2位まで求めなさい。

問2　A社を完全親会社、B社を完全子会社とする株式交換をした場合（A社を取得企業とする）の(1)B社株式（子会社株式）の取得原価および(2)連結貸借対照表に記載されるそれぞれの額を求めなさい。なお、株式交換によりA社がB社株主に交付するA社株式の数は、問1で算定したA社株式の数と同数とする。

問3　新設したC社を完全親会社、A社とB社を完全子会社とする株式移転をした場合（A社を取得企業とする）の(1)A社株式（子会社株式）の取得原価と(2)B社株式（子会社株式）の取得原価および(3)連結貸借対照表に記載されるそれぞれの額を求めなさい。なお、株式移転によりC社がA社株主に交付するC社株式は、A社株式1株につきC社株式1株とし、C社がB社株主に交付するC社株式は、問1で算定したA社がB社株主に交付するA社株式の数と同数とする。

商 業 簿 記

連結貸借対照表

x5年3月31日現在

（単位：千円）

資　産　の　部		負　債　の　部	
I 流 動 資 産		I 流 動 負 債	
現 金 預 金	（　　）	買 掛 金	（　　）
売 掛 金	（　　）	未 払 費 用	（　　）
貸 倒 引 当 金	（　　）	未払法人税等	（　　）
商 品	（　　）	その他の流動負債	（　　）
未 収 収 益	（　　）	流動負債合計	（　　）
その他の流動資産	（　　）	II 固 定 負 債	
流動資産合計	（　　）	社 債	（　　）
II 固 定 資 産		長 期 借 入 金	（　　）
建 物	（　　）	繰 延 税 金 負 債	（　　）
減価償却累計額	（　　）	固定負債合計	（　　）

連結損益計算書

自×4年4月1日 至×5年3月31日

（単位：千円）

I 売上高		（　）
II 売上原価		（　）
売上総利益		（　）
III 販売費及び一般管理費		
1. 販売費及び一般管理費	（　）	
2. 貸倒引当金繰入額	（　）	
3. 減価償却費	（　）	
4. のれん償却額	（　）	（　）
営業利益		（　）
IV 営業外収益		（　）
V 営業外費用		（　）
税金等調整前当期純利益		（　）
法人税等	（　）	
法人税等調整額	（　）	（　）
当期純利益		（　）
非支配株主に帰属する当期純利益		（　）
親会社株主に帰属する当期純利益		（　）

第2問

問1 P社およびS社の個別キャッシュ・フロー計算書

個別キャッシュ・フロー計算書

(単位：千円)

	P 社		S 社	
I 営業活動によるキャッシュ・フロー				
営　業　収　入	(	)	(	)
商　品　の　仕　入　支　出	(	)	(	)
人　件　費　支　出	(	)	(	)
そ　の　他　の　営　業　支　出	(	)	(	)
小　　　計	(	)	(	)
利　息　及　び　配　当　金　の　受　取　額	(	)	(	)
利　息　の　支　払　額	(	)	(	)
法　人　税　等　の　支　払　額	(	)	(	)
営業活動によるキャッシュ・フロー	(	)	(	)

問2 連結損益計算書および連結キャッシュ・フロー計算書に計上される各金額

税 金 等 調 整 前 当 期 純 利 益 の 金 額	千円
利 息 及 び 配 当 金 の 受 取 額 の 金 額	千円

商 業 簿 記

問題 (25点)

x1年度決算（会計期間は3月31日を決算日とする1年）の際に作成した（資料1）本店の決算整理前残高試算表および（資料2）本店の決算整理事項等ならびに（資料3）支店における外貨による決算整理後帳簿残高は、次のとおりである。よって、本支店合併損益計算書および本支店合併貸借対照表を完成しなさい。なお、当期の1ドルあたりの直物為替相場は、期首82円、期末79円、期中平均80円である。また、税金は考慮しないものとする。

（資料1）本店の決算整理前残高試算表

決算整理前残高試算表
x2年3月31日

（単位：千円）

借 方 科 目	金 額	貸 方 科 目	金 額
現 金 預 金	66,963	買 掛 金	24,000
受 取 手 形	12,000	貸 倒 引 当 金	200
売 掛 金	15,000	建物減価償却累計額	22,500

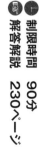

4. 有価証券80,000千円はすべて当期首に取得したものであり、その内訳は次のとおりである。

銘 柄	分 類	取得原価	時 価 (市場価格)	備 考
B社株式	売買目的有価証券	500千ドル	510千ドル	(注1)
C社株式	子 会 社 株 式	16,860千円	—	(注2)
D社社債	満期保有目的の債券	270千ドル	282千ドル	(注3)

(注1) 分記法で処理している。

(注2) C社の財政状態は著しく悪化し、C社の純資産額は13,100千円となっている。なお、当
社はC社の発行済株式総数の60%を保有している。

(注3) D社社債(クーポン利子率年2%、利払日3月と9月の各末日、満期日×6年3月31日)
は、額面総額300千ドルにつき270千ドルで購入したものであり、取得原価と額面金額との
差額はすべて金利調整差額と認められるため、償却原価法(定額法)を適用する。なお、
クーポン利息の処理は適正に行われている。

5. 買掛金のうち16,000千円は、外貨建ての買掛金200千ドルである。

6. 固定資産に関する事項

(1) 建物は、定額法(耐用年数20年、残存価額は取得原価の10%)により減価償却を行う。備品
は、定率法(償却率25%)により減価償却を行う。

(2) 機械(取得原価40,000千円、前期末機械減価償却累計額15,000千円)について前期末に帳簿価

会　計　学

問題 (25点)

第1問　次の文章の空欄（1）から（5）に入る適当な語句を答案用紙の解答欄に記入しなさい。

1. 非連結子会社及び関連会社に対する投資については、原則として（ 1 ）を適用する。ただし、（ 1 ）の適用により、連結財務諸表に重要な影響を与えない場合には、（ 1 ）の適用し、（ 1 ）の適用により、連結財務諸表に重要な影響を与えない場合には、（ 1 ）の適用会社としないことができる。

2. のれんは、資産に計上し、（ 2 ）年以内のその効果の及ぶ期間にわたって、定額法その他の合理的な方法により規則的に償却する。ただし、のれんの金額に（ 3 ）が乏しい場合には、当該のれんが生じた事業年度の費用として処理することができる。

3. キャッシュ・フロー計算書上、支払配当金は（ 4 ）の区分に記載する。

4. 外貨建金銭債権債務について償却原価法を適用する場合における償却額は、外国通貨による償却額を（ 5 ）により円換算した額による。

第2問　P社は、前期x2年4月1日に100%出資の米国在外子会社S社を設立している。次の資料により、当期（x3年4月1日からx4年3月31日）の連結財務諸表を作成するために、S社の下記の問いに答えなさい。なお、為替差ル表示決算整理後残高試算表を円貨に換算した場合、下記の問いに答えなさい。なお、為替差損益および為替換算調整勘定について、借方に生じる場合には金額の前に「△」を付すこと。

損 益 計 算 書 （単位：千ドル）

売 上 高		120,000
売 上 原 価		84,000
売 上 総 利 益		36,000
減 価 償 却 費	2,400	
諸 費 用	21,000	23,400
当 期 純 利 益		12,600

(注) 売上高のうち30,000千ドルは、親会社P社への売上であり、P社では2,940,000千円と記帳されている。

[資料Ⅲ]

1. 固定資産はS社設立時に取得した。

2. 収益・費用は期中平均為替相場により換算している。

3. S社は当期において剰余金の配当720千ドルを実施した。

4. P社は、前期中S社設立時の出資以外にS社との取引はない。

5. 為替相場

① S社設立時の為替相場：1ドル105円

② 当期の為替相場：　期中平均為替相場　　決算時為替相場

未在庫商品に含まれるP社仕入分は、×2年度は6,000千円、×3年度は5,000千円である。

3. A社が株主に支払った配当金の金額は、×2年度は1,200千円、×3年度は1,600千円であり、発生した当期純利益の金額は、×2年度は2,000千円、×3年度は3,600千円である。

4. 投資差額は、発生年度より10年間にわたって毎期均等額を償却する。また、法定実効税率を40%とし、税効果会計を適用する。ただし、[資料] 1. 2. に掲げた項目以外についての税効果は考慮しなくてよい。

問1　A社株式購入時におけるA社株式取得額に含まれる投資差額の金額

問2　×2年度末および×3年度末の連結貸借対照表に計上されるA社株式の金額

問3　×2年度（自×2年4月1日　至×3年3月31日）および×3年度（自×3年4月1日　至×4年3月31日）の連結損益計算書に計上される持分法による投資損益の金額。また、これについては、借または貸のいずれかに○を付けること。

問4　×2年度および×3年度において、[資料] 2. に関連して生じる法人税等調整額の金額。これについても、借または貸のいずれかに○を付けること。

商業簿記

本支店合併損益計算書

自×1年4月1日　至×2年3月31日

（単位：千円）

I　売　上　高　　　　　　　　　　　　　　（　　　　　）

II　売　上　原　価
1.　期首商品棚卸高　　　　　（　　　　　）
2.　当期商品仕入高　　　　　（　　　　　）
　　　　合　　　計　　　　　（　　　　　）
3.　期末商品棚卸高　　　　　（　　　　　）（　　　　　）
　　　売　上　総　利　益　　　　　　　　　（　　　　　）

III　販売費及び一般管理費
1.　販　売　費・管　理　費　（　　　　　）
2.　貸倒引当金繰入　　　　　（　　　　　）
3.　減　価　償　却　費　　　（　　　　　）（　　　　　）
　　　営　業　利　益　　　　　　　　　　　（　　　　　）

本支店合併貸借対照表

x2年3月31日現在

（単位：千円）

借方	金額	貸方	金額
現　金　預　金	（　　　　）	買　掛　金	（　　　　）
受　取　手　形	12,000	未　払　費　用	（　　　　）
売　掛　金	15,000	資　本　金	400,000
貸　倒　引　当　金	（△　　　）	資　本　準　備　金	30,000
有　価　証　券	（　　　　）	利　益　準　備　金	20,000
商　品	（　　　　）	繰越利益剰余金	（　　　　）
前　払　費　用	（　　　　）		
未　収　収　益	（　　　　）		
建　物	50,000		
減価償却累計額	（△　　　）		
備　品	（　　　　）		
減価償却累計額	（△　　　）		
機　械	40,000		
減価償却累計額	（△　　　）		
減損損失累計額	（△　　　）		
土　地	100,000		

会 計 学

第 1 問

(1)	
(2)	
(3)	
(4)	
(5)	

第 2 問

問 1	千円
問 2	千円
問 3	千円
問 4	千円

問2 答案用紙に示した連結損益計算書および連結キャッシュ・フロー計算書に計上される各項目の金額を答えなさい。

[資料Ⅰ] 貸借対照表（一部）

貸 借 対 照 表
x4年3月31日

（単位：千円）

借方科目	前期末 P社	前期末 S社	当期末 P社	当期末 S社	貸方科目	前期末 P社	前期末 S社	当期末 P社	当期末 S社
売掛金・受取手形	16,200	5,400	18,000	5,040	買掛金・支払手形	8,100	2,520	9,000	2,340
商 品	2,160	1,620	2,700	1,800	未 払 費 用	72	36	90	45
未 収 益	54	63	81	45	未払法人税等	2,340	1,260	2,700	1,620
貸 付 金	10,800	12,600	16,200	9,000	借 入 金	14,400	7,200	18,000	9,000

（注）未収収益および未払費用は、すべて利息に係るものである。

利息のうち144千円はS社からの受取額である。

5. P社の受取配当金はすべてS社からのものである。

第3問　次の資料にもとづいて、企業結合に関する以下の問に答えなさい。

[資　料]　企業結合前のA社およびB社に関する事項

	A社	B社
適正な帳簿価額による純資産額	3,000千円	1,000千円
時価による純資産額	3,600千円	1,200千円
発行済株式総数	10,000株	4,000株
株主資本利益率	12%	10%
資本還元率	8%	8%
1株あたりの株式の市場価格	510円	360円

（注）　企業結合前にA社・B社間の取引および資本関係はなかった。

問1　A社がB社を吸収合併した場合（A社を取得企業とする）の(1)合併比率（B社株式1株につき交付するA社株式の割合）と(2)B社株主に交付するA社株式の数および(3)A社が合併により計上するのれんの額を求めなさい。なお、合併比率の計算は、時価による純資産額と収益還元

投資有価証券 （　　　　）
長期貸付金 （　　　　）
繰延税金資産 （　　　　）
固定資産合計 （　　　　）

資産合計 （　　　　）

I 株主資本
　資本金 （　　　　）
　資本剰余金 （　　　　）
　利益剰余金 （　　　　）
　株主資本合計 （　　　　）
II 非支配株主持分 （　　　　）
　純資産合計 （　　　　）
　負債・純資産合計 （　　　　）

	資 本 金	資 本 剰 余 金	利 益 剰 余 金	非支配株主持分
当 期 首 残 高				
配 当 金				
親会社株主に帰属する当期純利益				
株主資本以外の項目の当期変動額（純額）				
当 期 末 残 高				

（注）該当する金額がない場合は何も記入しないこと。

会 計 学

第 1 問

(1)	(2)	(3)	(4)
(5)	(6)	(7)	

第3問

問1	(1)	株
	(2)	千円
	(3)	千円
問2	(1)	千円
	(2)	千円
問3	(1)	千円
	(2)	千円
	(3)	千円

建 物	50,000	機械減価損損失累計額	5,000
備 品	30,000	繰 延 内 部 利 益	1,500
機 械	40,000	資 本 金	400,000
土 地	100,000	資 本 準 備 金	30,000
長 期 貸 付 金	30,000	利 益 準 備 金	20,000
支 店	82,500	繰 越 利 益 剰 余 金	3,000
仕 入	187,500	売 上	326,000
支 店 仕 入	74,000	受 取 利 息 配 当 金	652
販 売 費 ・ 管 理 費	69,866	有 価 証 券 利 息	477
	855,829		855,829

（資料 2 ）本店の決算整理事項等

1. 期末商品棚卸高　26,900千円

なお、上記の商品には支店からの仕入分12,500千円が含まれている。
また、正味売却価額は下落していない。

2. 売上債権（すべて一般債権）の期末残高に対して 2 ％の貸倒引当金を補充法により設定する。

3. 長期貸付金30,000千円は、当期首にA社に対して貸し付けたものである。A社は当期において破産の申立てを行ったため、A社に対する貸付金を破産更生債権等に分類し、財務内容評価法により破産更生債権等に分類し、財務内容評価法により貸倒引当金を設定する。なお、処分価値9,600千円の土地が担保に付されている。

11

存価額はゼロ、前期末からの残存耐用年数は10年であり、定額法により減価償却を行う。

7. その他の決算整理事項

販売費の前払高1,200千円、管理費の未払高900千円、受取利息の未収高48千円を経過勘定として計上する。

(資料3) 支店における外貨による決算整理後帳簿残高 （単位：千ドル）

現　金　預　金	900	繰　越　商　品	250	備　品	800
買　掛　金	250	備品減価償却累計額	160	本店（貸方残高）	1,040
売　　上	2,800	本　店　売　上	900	売　上　原　価	1,750
販売費・管理費	1,370	減　価　償　却　費	80		

(注)

① 商品の評価は先入先出法による。なお、正味売却価額は下落している。

② 期首商品は200千ドル（換算相場は1ドルあたり82円）、当期仕入は1,800千ドル、期末商品は250千ドル（換算相場は1ドルあたり80円）であった。

③ 支店は商品の一部を原価の25%増しの価額で本店に売り上げている。

④ 備品の取得時の直物為替相場は1ドルあたり90円である。

⑤ 換算に際し期中平均相場の使用が認められているものは、できるだけ期中平均相場を用いること。

資　本　金　　　　　　　　　　　　利益剰余金

×2年4月1日　　30,000千ドル　　　　　0ドル

×3年3月31日　　30,000千ドル　　1,200千ドル

[資料Ⅱ] S社の当期末貸借対照表および当期損益計算書は次のとおりである。

貸　借　対　照　表

（単位：千ドル）

流　動　資　産	37,200	諸	負	債		16,920
固　定　資　産	22,800	資	本	金		30,000
		利	益	剰	余 金	13,080
	60,000					60,000

③　配当確定時の為替相場：1ドル 98円

問1　当期純利益の金額
問2　為替差損益の金額
問3　剰余金の配当の金額
問4　利益剰余金当期末残高
問5　為替換算調整勘定の金額

第3問　次の資料にもとづき、下記の問いに答えなさい。P社、A社ともに、決算は毎年3月末である。

[資料]

1．P社は、x2年4月初めに、A社の発行済株式（議決権あり）の30%を26,000千円で購入し、A社を持分法適用会社とした。x2年3月末A社貸借対照表の資本金の金額は50,000千円であり、利益剰余金の金額は10,000千円である。なお、当該純資産算定時における資産・負債の貸借対照表計上額は、土地を除いてその時価と一致していた。土地の時価は、その計上額より10,000千円上昇していた。その他x4年3月末まで土地の時価に変動はない。A社における期

2．x2年度より、P社はA社に対して商品の販売（利益率40%）を行っている。A社における期

14

2. 有価証券利息 （　　　　）

3.（　　　　　　　） （　　　　） （　　　　　）

V 営業外費用

1. 貸倒引当金繰入 （　　　　）

2.（　　　　　　　） （　　　　） （　　　　）

　　経　常　利　益 （　　　　）

VI 特　別　損　失

1.（　　　　　　　） （　　　　） （　　　　）

　　当　期　純　利　益 （　　　　）

破産更生債権等 （　　　　）

貸倒引当金 （△　　　　）

合計 （　　　　）

合計 （　　　　）

合計 （　　　　）

第3問

問1		千円
問2	×2年度末	千円
	×3年度末	千円
問3	×2年度（借または貸）	千円
	×3年度（借または貸）	千円
問4	×2年度（借または貸）	千円
	×3年度（借または貸）	千円

19

日商 1級 模擬試験 答案用紙

[資料Ⅱ] 株式の取得状況と資本勘定の推移等に関する事項

		x2年3月末日	x3年3月末日	x4年3月末日	x5年3月末日
P社によるS社株式の取得状況	取得率	10%（原始取得日）	50%（支配獲得日）	—	—
	取得原価	87,500千円	467,500千円	—	—
S社の資本勘定の推移	資本金	600,000千円	600,000千円	600,000千円	600,000千円
	資本剰余金	50,000千円	50,000千円	50,000千円	50,000千円
	利益剰余金	155,000千円	180,000千円	210,000千円	250,000千円

S社の所有する土地の一部に、x2年3月末日において20,000千円、x3年3月末日において15,000千円の評価益（税効果適用前）が生じているが、その他の資産および負債の帳簿価額は時価と一致している。なお、x3年3月末日におけるP社の保有するS社株式の時価は561,000千円である。

2

未 収 収 益	6,600	4,800	社 債	—	718,125
その他の流動資産	221,210	132,125	長 期 借 入 金	120,000	60,000
建 物	500,000	250,000	資 本 金	3,000,000	600,000
減価償却累計額 △	180,000	△ 45,000	資 本 剰 余 金	210,000	50,000
土 地	600,000	175,000	利 益 剰 余 金	550,000	250,000
投 資 有 価 証 券	897,750	—			
S 社 株 式	555,000	—			
長 期 貸 付 金	75,000	5,000			
繰 延 税 金 資 産	8,400	3,600			
	4,359,000	1,943,925		4,359,000	1,943,925

非支配株主持分当期首残高	–	–	–			(	)
非支配株主持分当期変動額	–	–	–			(	)
非支配株主持分当期末残高	–	–	–			(	)
（貸 借 対 照 表）							
現 金 預 金	79,500	17,900	97,400				
受 取 手 形	90,000	41,000	131,000				
売 掛 金	90,000	49,000	139,000				
貸 倒 引 当 金	(3,600)	(1,800)	(5,400)				
有 価 証 券	25,600	–	25,600				
商 品	37,200	15,800	53,000				
短 期 貸 付 金	60,000	–	60,000				
前 払 費 用	2,960	2,180	5,140				
未 収 収 益	800	–	800				
繰 延 税 金 資 産	–	–	–				
建 物	100,000	80,000	180,000				
建物減価償却累計額	(15,000)	(24,000)	(39,000)			(	)
備 品	40,000	30,000	70,000				
備品減価償却累計額	(18,000)	(16,200)	(34,200)				
土 地	24,800	16,000	40,800				
の れ ん	–	–	–				
S 社 株 式	96,000	–	96,000				
資 産 合 計	610,260	209,880	820,140				
支 払 手 形	(37,400)	(14,800)	(52,200)			(	)
買 掛 金	(34,860)	(14,600)	(49,460)			(	)
短 期 借 入 金	(60,000)	(60,000)	(120,000)			(	)
未 払 法 人 税 等	(40,000)	(6,000)	(46,000)			(	)
未 払 費 用	(2,200)	(1,880)	(4,080)			(	)
繰 延 税 金 負 債	–	–	–			(	)
資 本 金	(240,000)	(80,000)	(320,000)				
利 益 剰 余 金	(195,800)	(32,600)	(228,400)				
評 価 差 額	–	–	–				
非 支 配 株 主 持 分	–	–	–			(	)
負債・純資産合計	(610,260)	(209,880)	(820,140)			(	)

理論問題

ア	イ	ウ
エ	オ	

　　　　　　　　　　　持分法①

問1　修正仕訳　　　　　　　　　　　　　　　　　　　（単位：円）

借　方　科　目	金　　額	貸　方　科　目	金　　額

問2

連結貸借対照表のA社株式	円

　　　　　　　　　　　持分法②

問1　連結財務諸表作成のために必要な修正仕訳　　　　（単位：円）

借　方　科　目	金　　額	貸　方　科　目	金　　額

問2　連結貸借対照表に記載される金額

A　社　株　式	円

問3　連結損益計算書に記載される金額

持分法による投資損益	（　　　）　　　　　　円

持分法③

（単位：円）

借　方　科　目	金　　　額	貸　方　科　目	金　　　額

持分法④

問1

（単位：円）

借　方　科　目	金　　　額	貸　方　科　目	金　　　額

問2

（単位：円）

借　方　科　目	金　　　額	貸　方　科　目	金　　　額

問3

（単位：円）

借　方　科　目	金　　　額	貸　方　科　目	金　　　額

24

ア	イ	ウ
エ		

損 益 計 算 書
自×3年4月1日　至×4年3月31日　　　（単位：円）

I 売　　　上　　　高		（　　　　　）
II 売　上　原　価		
1．期首商品棚卸高	（　　　　）	
2．当期商品仕入高	（　　　　）	
合　　　計	（　　　　）	
3．期末商品棚卸高	（　　　　）	（　　　　　）
売 上 総 利 益		（　　　　　）
III 販売費及び一般管理費		
1．広　　告　　費		（　　　　　）
営 業 利 益		（　　　　　）
IV 営 業 外 収 益		
1．受 取 利 息		（　　　　　）
V 営 業 外 費 用		
1．支 払 利 息	（　　　　）	
2．為 替 差 損	（　　　　）	（　　　　　）
経 常 利 益		（　　　　　）

貸 借 対 照 表
×4年3月31日　　　　　（単位：円）

現 金 預 金	（　　　　）	買 掛 金	（　　　　）
売 掛 金	（　　　　）	未 払 利 息	（　　　　）
商　　　品	（　　　　）	前 受 利 息	（　　　　）
長 期 貸 付 金	（　　　　）	長 期 借 入 金	（　　　　）

損 益 計 算 書
自×3年4月1日　至×4年3月31日
（単位：円）

⋮

Ⅳ　営 業 外 収 益
　　有 価 証 券 利 息　　　（　　　　　）
　　有 価 証 券 売 却 益　　（　　　　　）
　　為 替 差 益　　　　　　（　　　　　）

⋮

Ⅶ　特 別 損 失
　　関係会社株式評価損　　（　　　　　）

貸 借 対 照 表
×4年3月31日　　　　　　　（単位：円）

未 収 収 益	（　　　　）	長 期 前 受 収 益	（　　　　）
投 資 有 価 証 券	（　　　　）	その他有価証券評価差額金	（　　　　）
関 係 会 社 株 式	（　　　　）		

貸 借 対 照 表
×4年3月31日　　　　　　　　　　（単位：円）

資　　　産	金　　額	負債・純資産	金　　額
現 金 預 金		短 期 借 入 金	
売 　掛 　金		前 受 収 益	
前 払 費 用		未 払 費 用	
長 期 前 払 費 用		長 期 借 入 金	

損 益 計 算 書
自×3年4月1日　至×4年3月31日　　　　　（単位：円）

借 方 科 目	金　　額	貸 方 科 目	金　　額
支 払 利 息		売 上 高	
為 替 差 損			

外貨換算会計④

貸 借 対 照 表
×1年12月31日　　　　　　　　（単位：円）

資　　産	金　　額	負債・純資産	金　　額
現　　　　　金		買　　掛　　金	
売　　掛　　金		長 期 借 入 金	
商　　　　　品		本　　　　店	
短 期 貸 付 金		当 期 純 利 益	
建　　　　　物			
減 価 償 却 累 計 額	△		

損 益 計 算 書
自×1年1月1日　至×1年12月31日　　　　（単位：円）

借 方 科 目	金　　額	貸 方 科 目	金　　額
売 上 原 価		売　　上　　高	
商 品 評 価 損		そ の 他 の 収 益	
減 価 償 却 費			
そ の 他 の 費 用			
為 替 差 損			
当 期 純 利 益			

外貨換算会計⑤

貸借対照表価額	円

貸 借 対 照 表
×2年 3 月31日　　　　　　（単位：円）

資　　産	金　　額	負債・純資産	金　　額
現 金 預 金		買　　掛　　金	
売　　掛　　金		長 期 借 入 金	
商　　　　品		資　　本　　金	
建　　　　物		利 益 剰 余 金	
減 価 償 却 累 計 額	△	為替換算調整勘定	

損 益 計 算 書
自×1年 4 月 1 日　至×2年 3 月31日
（単位：円）

科　　　目	金　　額
売　　上　　高	
売　上　原　価	
売 上 総 利 益	
減 価 償 却 費	
そ の 他 の 費 用	
為　替　差　損	
当 期 純 利 益	

株主資本等変動計算書（利益剰余金のみ）
自×1年 4 月 1 日　至×2年 3 月31日　　　　　（単位：円）

借 方 科 目	金　　額	貸 方 科 目	金　　額
剰 余 金 の 配 当		利益剰余金当期首残高	
利益剰余金当期末残高		当 期 純 利 益	

外貨換算会計⑦

連 結 貸 借 対 照 表　　　　　　（単位：円）

借　方　科　目	金　　額	貸　方　科　目	金　　額
現　金　預　金	（　　　　）	買　　掛　　金	（　　　　）
売　　掛　　金	（　　　　）	借　　入　　金	（　　　　）
商　　　　品	（　　　　）	資　　本　　金	（　　　　）
建　　　　物	（　　　　）	利　益　剰　余　金	（　　　　）
その他有価証券	（　　　　）	その他有価証券評価差額金	（　　　　）
		為替換算調整勘定	（　　　　）
	（　　　　）		（　　　　）

理論問題

ア	イ	ウ

エ

〈直接法〉

キャッシュ・フロー計算書　　　（単位：円）

I	営業活動によるキャッシュ・フロー	
	営　業　収　入	（　　　　　）
	商品の仕入れによる支出	（　　　　　）
	人　件　費　の　支　出	（　　　　　）
	その他の営業支出	（　　　　　）
	小　　　計	（　　　　　）
	利息及び配当金の受取額	（　　　　　）
	利　息　の　支　払　額	（　　　　　）
	法人税等の支払額	（　　　　　）
	営業活動によるキャッシュ・フロー	（　　　　　）
II	投資活動によるキャッシュ・フロー	
	有価証券の取得による支出	（　　　　　）
	有価証券の売却による収入	（　　　　　）
	有形固定資産の取得による支出	（　　　　　）
	有形固定資産の売却による収入	（　　　　　）
	貸付けによる支出	（　　　　　）
	貸付金の回収による収入	（　　　　　）
	投資活動によるキャッシュ・フロー	（　　　　　）
III	財務活動によるキャッシュ・フロー	
	借入れによる収入	（　　　　　）
	借入金の返済による支出	（　　　　　）
	株式の発行による収入	（　　　　　）
	配　当　金　の　支　払　額	（　　　　　）
	財務活動によるキャッシュ・フロー	（　　　　　）
IV	現金及び現金同等物に係る換算差額	（　　　　　）
V	現金及び現金同等物の増加額	（　　　　　）
VI	現金及び現金同等物の期首残高	（　　　　　）
VII	現金及び現金同等物の期末残高	（　　　　　）

〈間接法〉

キャッシュ・フロー計算書　　（単位：円）

税 引 前 当 期 純 利 益	（	）
減 価 償 却 費	（	）
貸 倒 引 当 金 の 増 加 額	（	）
退 職 給 付 引 当 金 の 増 加 額	（	）
受 取 利 息 及 び 配 当 金	（	）
支 払 利 息	（	）
有 価 証 券 売 却 益	（	）
有 価 証 券 評 価 損	（	）
為 替 差 損	（	）
固 定 資 産 売 却 損	（	）
売 上 債 権 の 増 加 額	（	）
棚 卸 資 産 の 減 少 額	（	）
前 払 費 用 の 増 加 額	（	）
仕 入 債 務 の 減 少 額	（	）
未 払 費 用 の 増 加 額	（	）
小 計	（	）

CHAPTER 08－❷／2問　　　　　理論問題

1.

ア	イ	ウ

2.

ア	イ	ウ

エ

連結キャッシュ・フロー計算書（単位：円）

I	営業活動によるキャッシュ・フロー	
	営　業　収　入	
	商品の仕入れによる支出	
	人　件　費　の　支　出	
	そ の 他 の 営 業 支 出	
	小　　　　計	
	利息及び配当金の受取額	
	利　息　の　支　払　額	
	法 人 税 等 の 支 払 額	
	営業活動によるキャッシュ・フロー	
II	投資活動によるキャッシュ・フロー	
	有価証券の取得による支出	
	有価証券の売却による収入	
	有形固定資産の取得による支出	
	有形固定資産の売却による収入	
	貸 付 け に よ る 支 出	
	貸付金の回収による収入	
	投資活動によるキャッシュ・フロー	
III	財務活動によるキャッシュ・フロー	
	短 期 借 入 れ に よ る 収 入	
	短期借入金の返済による支出	
	株 式 の 発 行 に よ る 収 入	
	配　当　金　の　支　払　額	
	非支配株主への配当金の支払額	
	財務活動によるキャッシュ・フロー	
IV	現金及び現金同等物に係る換算差額	
V	現金及び現金同等物の増加額	
VI	現金及び現金同等物の期首残高	
VII	現金及び現金同等物の期末残高	

連結キャッシュ・フロー計算書（単位：円）

Ⅰ　営業活動によるキャッシュ・フロー	
税金等調整前当期純利益	
減　価　償　却　費	
貸倒引当金の（　　　　　）	
の　れ　ん　償　却　額	
受　取　利　息　配　当　金	
支　　払　　利　　息	
有　形　固　定　資　産　売　却　益	
損　害　賠　償　損　失	
売　上　債　権　の（　　　　　）	
棚　卸　資　産　の（　　　　　）	
前　払　費　用　の（　　　　　）	
仕　入　債　務　の（　　　　　）	
小　　　計	
利息及び配当金の受取額	
利　息　の　支　払　額	
損　害　賠　償　金　の　支　払　額	
法　人　税　等　の　支　払　額	
営業活動によるキャッシュ・フロー	

包括利益

<u>連結包括利益計算書</u>
自×2年4月1日　至×3年3月31日
(単位：円)

当 期 純 利 益　　　　　　(　　　　　　)
その他の包括利益
　その他有価証券評価差額金　(　　　　　　)
包 括 利 益　　　　　　　(　　　　　　)
(内訳)
　親会社株主に係る包括利益　(　　　　　)
　非支配株主に係る包括利益　(　　　　　)

理論問題

ア	イ	ウ
エ	オ	カ

連結会計における取得関連費用

問1　×1年度の連結修正仕訳

① 取得関連費用　　　　　　　　　　　　　　　　　　　　　（単位：円）

借　方　科　目	金　　額	貸　方　科　目	金　　額

② 投資と資本の相殺消去　　　　　　　　　　　　　　　　　（単位：円）

借　方　科　目	金　　額	貸　方　科　目	金　　額

問2　×2年度の連結修正仕訳

① 開始仕訳　　　　　　　　　　　　　　　　　　　　　　　（単位：円）

借　方　科　目	金　　額	貸　方　科　目	金　　額

② 当期純利益の按分　　　　　　　　　　　　　　　　　　　（単位：円）

借　方　科　目	金　　額	貸　方　科　目	金　　額

③ のれんの償却 (単位：円)

借　方　科　目	金　　　額	貸　方　科　目	金　　　額

④ 子会社株式の一部売却 (単位：円)

借　方　科　目	金　　　額	貸　方　科　目	金　　　額